Organização e estrutura portuária e aeroportuária

Organização e estrutura portuária e aeroportuária

Johny Henrique Magalhães Casado
Milena Barbosa de Melo
Nájila Medeiros Bezerra

Rua Clara Vendramin, 58 . Mossunguê
CEP 81200-170 . Curitiba . PR . Brasil
Fone: [41] 2106-4170
editora@intersaberes.com
www.intersaberes.com

Conselho editorial Dr. Ivo José Both (presidente) | Dr. Alexandre Coutinho Pagliarini | Drª Elena Godoy | Dr. Neri dos Santos | Dr. Ulf Gregor Baranow

Editora-chefe Lindsay Azambuja

Gerente editorial Ariadne Nunes Wenger

Assistente editorial Daniela Viroli Pereira Pinto

Edição de texto Arte e Texto Edição e Revisão de Textos | Guilherme Conde Moura Pereira

Capa Charles L. da Silva (*design*) | Aun Photographer e Pakorn Khantiyaporn/Shutterstock (imagem)

Projeto gráfico Raphael Bernadelli | Sílvio Gabriel Spannenberg

Diagramação Regiane Rosa

Equipe de design Débora Gipiela | Charles L. da Silva

Iconografia Regina Claudia Cruz Prestes

Dados Internacionais de Catalogação na Publicação (CIP)
(Câmara Brasileira do Livro, SP, Brasil)

Casado, Johny Henrique Magalhães
  Organização e estrutura portuária e aeroportuária / Johny Henrique Magalhães Casado, Milena Barbosa de Melo, Nájila Medeiros Bezerra. Curitiba: InterSaberes, 2022.

  Bibliografia.
  ISBN 978-65-5517-421-2

  1. Aeronáutica comercial 2. Aeroportos - Administração 3. Aeroportos – Planejamento 4. Logística empresarial 5. Planejamento estratégico 6. Portos – Administração 7. Portos – Regulação – Brasil 8. Transporte marítimo I. Melo, Milena Barbosa de. II. Bezerra, Nájila Medeiros. III. Título.

21-80337 CDD-387.74

Índices para catálogo sistemático:
1. Organização e estrutura: Aeroportuária 387.74
2. Organização e estrutura: Portuária 387.54

Cibele Maria Dias – Bibliotecária – CRB-8/9427

1ª edição, 2022.

Foi feito o depósito legal.

Informamos que é de inteira responsabilidade dos autores a emissão de conceitos.

Nenhuma parte desta publicação poderá ser reproduzida por qualquer meio ou forma sem a prévia autorização da Editora InterSaberes.

A violação dos direitos autorais é crime estabelecido na Lei n. 9.610/1998 e punido pelo art. 184 do Código Penal.

Sumário

Apresentação, 9

Como aproveitar ao máximo este livro, 11

1 Introdução ao conhecimento portuário e aeroportuário, 17

1.1 Planejamento e viabilidade de operações de exportação e importação, 20

1.2 Introdução aos aeroportos e aos sistemas aeroportuários, 22

1.3 Estrutura retroportuária, 32

1.4 Conceitos e características do domínio portuário, 36

1.5 Conportos e Cesportos, 46

1.6 A importância da Guarda Portuária para a segurança pública, 52

1.7 Regulação portuária, 53

1.8 Principais infrações portuárias, 55

1.9 Logística: gargalos, inovação e principais equipamentos, 56

2   **Receita Federal do Brasil e procedimentos aduaneiros, 73**
    2.1 A Secretaria da Receita Federal do Brasil, 75
    2.2 Aduana, 85
    2.3 Organização Mundial das Aduanas, 95

3   **Proteção das instalações portuárias e aeroportuárias, 109**
    3.1 Avaliação de riscos em instalações portuárias, 111
    3.2 Avaliação de riscos em instalações aeroportuárias, 120
    3.3 Contramedidas de segurança e identificação de vulnerabilidades nos portos, 129
    3.4 Contramedidas de segurança e identificação de vulnerabilidades nos aeroportos, 131

4   **Organização do espaço aéreo brasileiro, 139**
    4.1 O papel da Infraero: histórico e particularidades, 142
    4.2 O processo de desestatização dos aeroportos brasileiros, 155
    4.3 Agência Nacional de Aviação Civil e sua influência no setor aeroportuário brasileiro, 163
    4.4 Organização e gestão do espaço aéreo no Brasil, 171

5   **Principais riscos e vulnerabilidades das atividades de portos e aeroportos, 179**
    5.1 Os riscos para os trabalhadores de portos e aeroportos e as normas de segurança, 182
    5.2 A Organização Internacional do Trabalho e o trabalhador portuário, 204

6 Proteção contra vulnerabilidades e riscos de acidentes aéreos, 219

6.1 Conceitos e especificidades do mercado da aviação, 222

6.2 Atuação das entidades responsáveis pela aviação civil no Brasil, 229

6.3 Investigação de acidentes aéreos no Brasil, 244

6.4 Principais estatísticas de acidentes aéreos no Brasil, 248

Considerações finais, 257

Lista de siglas, 259

Referências, 263

Bibliografia comentada, 275

Sobre os autores, 277

Apresentação

Atualmente, é possível observar que, no Brasil, mais de 80% das exportações são realizadas por vias marítimas. Além dessa importância do comércio portuário, também se destaca o crescimento do comércio aeroportuário, que ganha ainda mais força caso se considere a indústria do turismo. Por conta disso, é fundamental que haja uma eficaz regulação da logística portuária e aeroportuária.

Visando a uma melhor compreensão sobre o tema, dividimos esta obra em seis capítulos. Primeiramente, no Capítulo 1, exporemos, de forma introdutória, os conhecimentos relativos aos portos e aos aeroportos, elencando elementos atuais desses estabelecimentos e de seu funcionamento.

No Capítulo 2, versaremos sobre a Receita Federal do Brasil (RFB) e as normas aduaneiras. Além disso, detalharemos a diferença entre unidades aduaneiras e alfandegárias e descreveremos os comitês da Organização Mundial das Aduanas (OMA).

Seguindo nosso percurso, estabeleceremos, no Capítulo 3, uma análise da legislação que dispõe sobre o combate aos riscos portuários e aeroportuários.

Já no Capítulo 4, trataremos sobre a Empresa Brasileira de Infraestrutura Aeroportuária (Infraero), a Agência Nacional de Aviação Civil (Anac) e a organização do espaço aéreo brasileiro.

No Capítulo 5, analisaremos os principais riscos e vulnerabilidades das atividades de portos e aeroportos, destacando as principais normas regulamentadoras de segurança e os riscos que os trabalhadores desses segmentos correm.

Por fim, no Capítulo 6, trataremos sobre as contramedidas de segurança e identificação de vulnerabilidades no transporte aéreo, como também dos recursos utilizados para prevenção e investigação de acidentes aeronáuticos.

Bons estudos!

Como aproveitar ao máximo este livro

EMPREGAMOS NESTA OBRA RECURSOS QUE VISAM ENRIQUECER seu aprendizado, facilitar a compreensão dos conteúdos e tornar a leitura mais dinâmica. Conheça a seguir cada uma dessas ferramentas e saiba como elas estão distribuídas no decorrer deste livro para bem aproveitá-las.

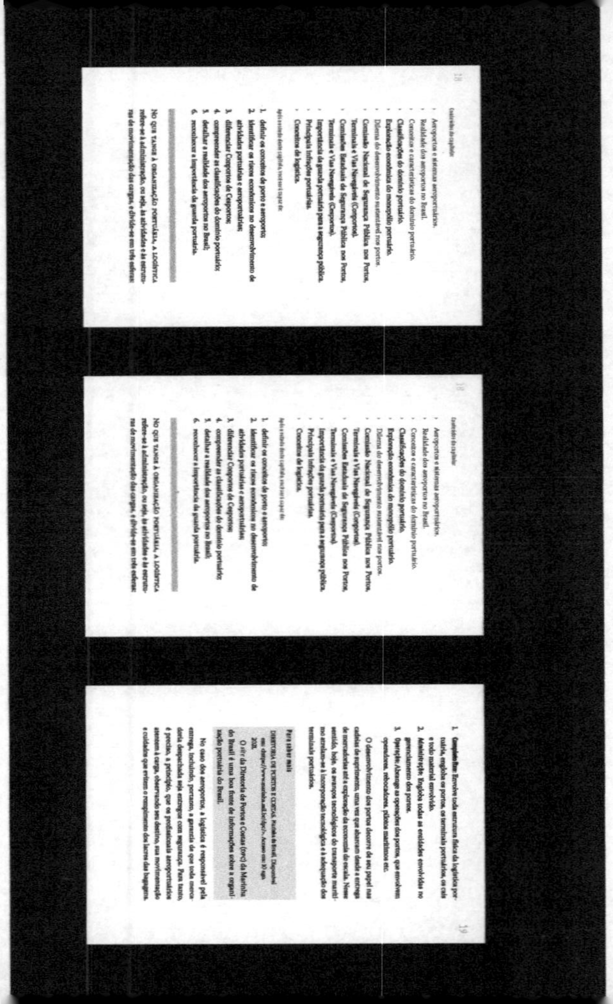

Conteúdos do capítulo:

Logo na abertura do capítulo, relacionamos os conteúdos que nele serão abordados.

Após o estudo deste capítulo, você será capaz de:

Antes de iniciarmos nossa abordagem, listamos as habilidades trabalhadas no capítulo e os conhecimentos que você assimilará no decorrer do texto.

Para saber mais

Sugerimos a leitura de diferentes conteúdos digitais e impressos para que você aprofunde sua aprendizagem e siga buscando conhecimento.

Exercícios resolvidos

Nesta seção, você acompanhará passo a passo a resolução de alguns problemas complexos que envolvem os assuntos trabalhados no capítulo.

Perguntas & respostas

Nesta seção, respondemos a dúvidas frequentes relacionadas aos conteúdos do capítulo.

Exemplificando

Disponibilizamos, nesta seção, exemplos para ilustrar conceitos e operações descritos ao longo do capítulo a fim de demonstrar como as noções de análise podem ser aplicadas.

Síntese

Ao final de cada capítulo, relacionamos as principais informações nele abordadas a fim de que você avalie as conclusões a que chegou, confirmando-as ou redefinindo-as.

Estudo de caso

Nesta seção, relatamos situações reais ou fictícias que articulam a perspectiva teórica e o contexto prático da área de conhecimento ou do campo profissional em foco com o propósito de levá-lo a analisar tais problemáticas e a buscar soluções.

Consultando a legislação

Listamos e comentamos nesta seção os documentos legais que fundamentam a área de conhecimento, o campo profissional ou os temas tratados no capítulo para você consultar a legislação e se atualizar.

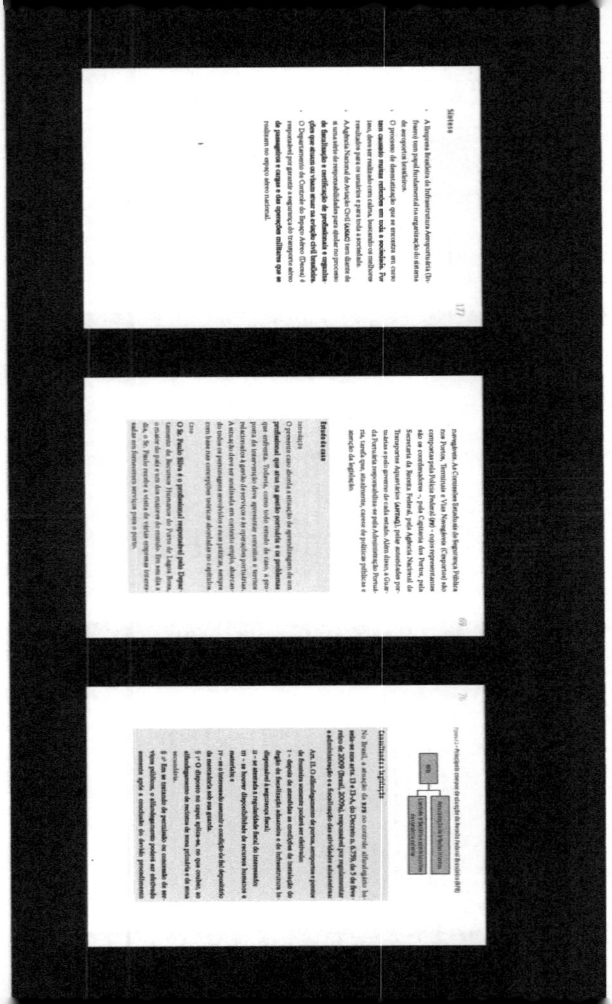

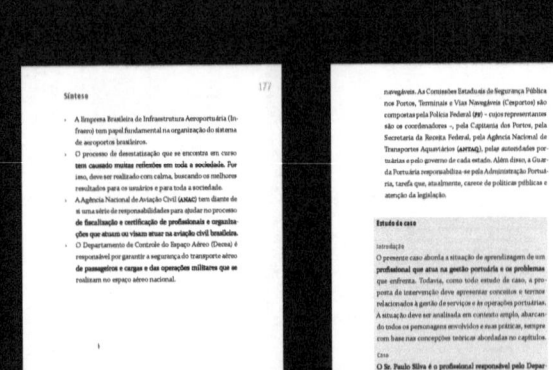

O que é

Nesta seção, destacamos definições e conceitos elementares para a compreensão dos tópicos do capítulo.

Importante!

Algumas das informações centrais para a compreensão da obra aparecem nesta seção. Aproveite para refletir sobre os conteúdos apresentados.

Bibliografia comentada

Nesta seção, comentamos algumas obras de referência para o estudo dos temas examinados ao longo do livro.

1

Introdução ao conhecimento portuário e aeroportuário

Conteúdos do capítulo:

> Aeroportos e sistemas aeroportuários.
> Realidade dos aeroportos no Brasil.
> Conceitos e características do domínio portuário.
> Classificações do domínio portuário.
> Exploração econômica do monopólio portuário.
> Dilema do desenvolvimento sustentável nos portos.
> **Comissão Nacional de Segurança Pública nos Portos, Terminais e Vias Navegáveis (Conportos).**
> **Comissões Estaduais de Segurança Pública nos Portos, Terminais e Vias Navegáveis (Cesportos).**
> Importância da guarda portuária para a segurança pública.
> Principais infrações portuárias.
> Conceitos de logística.

Após o estudo deste capítulo, você será capaz de:

1. definir os conceitos de porto e aeroporto;
2. identificar os riscos econômicos no desenvolvimento de atividades portuárias e aeroportuárias;
3. diferenciar Conportos de Cesportos;
4. compreender as classificações do domínio portuário;
5. detalhar a realidade dos aeroportos no Brasil;
6. reconhecer a importância da guarda portuária.

No que tange à organização portuária, a logística refere-se à administração, ou seja, às atividades e às estruturas de movimentação das cargas, e divide-se em três esferas:

1. **Completo fixo**: Envolve toda estrutura física da logística portuária, engloba os portos, os terminais portuários, os cais e todo material envolvido.
2. **Administração**: Engloba todas as entidades envolvidas no gerenciamento dos portos.
3. **Operação**: Abrange as operações dos portos, que envolvem operadores, rebocadores, pilotos marítimos etc.

O desenvolvimento dos portos decorre de seu papel nas cadeias de suprimento, uma vez que abarcam desde a entrega de mercadorias até a exploração da economia de escala. Nesse sentido, hoje, os avanços tecnológicos do transporte marítimo atrelam-se à incorporação tecnológica e à adequação dos terminais portuários.

> **Para saber mais**
>
> DIRETORIA DE PORTOS E COSTAS. **Marinha do Brasil**. Disponível em: <https://www.marinha.mil.br/dpc/>. Acesso em: 10 ago. 2021.
>
> O *site* da Diretoria de Portos e Costas (DPC) da Marinha do Brasil é uma boa fonte de informações sobre a organização portuária do Brasil.

No caso dos aeroportos, a logística é responsável pela entrega, incluindo, portanto, a garantia de que toda mercadoria despachada seja entregue com segurança. Para tanto, é preciso, a princípio, que os profissionais aeroportuários atentem à carga, observando seu destino, sua movimentação e cuidados que evitem o rompimento dos lacres das bagagens.

1.1 Planejamento e viabilidade de operações de exportação e importação

A literatura acadêmica revela a importância do planejamento de ações para o desenvolvimento das atividades de importação e exportação, a fim de evitar surpresas com procedimentos extras, trâmites desnecessários e custos operacionais. "Não é incomum que gestores ou mesmo profissionais à frente das atividades só se deem conta de que um processo poderia ter sido melhor ajustado quando ele já está encaminhado" (Gonçalves; Calixto, 2021).

Nesse sentido, diante do início de qualquer negociação, torna-se essencial um planejamento tributário, financeiro e contábil, com simulações de ganhos e perdas, que auxilie na tomada de decisão, de modo que as transações nacionais e internacionais fiquem sob controle.

A logística de transporte é o coração de um projeto, visto que consiste no desenvolvimento puro das forças produtivas na sociedade industrial. Por meio dela ocorre a abertura dos mercados e o intercâmbio de pessoas e mercadorias. Holanda et al. (2019, s. p.) esclarecem que "a logística não consiste somente nas atividades de transporte, mas abrange uma gestão completa de atividades relacionadas, que vão desde as tradicionais áreas de finanças e *marketing* até armazenagem, processamento de pedidos e previsão de demandas".

Quando tratamos de transportes, devemos considerar seu diferentes modais: o rodoviário, com limitações de segurança, estrutura e capacidade de carga, embora amplamente utilizado e de baixo custo; o aquaviário, efetuado sobre a água e divido em de longo curso, entre países, e de cabotagem, na costa de um mesmo país; o aéreo, que, embora vantajoso, oferece limitações de peso e volume para cargas a granel e frete; e o ferroviário, utilizado há séculos, com configurações tanto privadas quanto públicas. Cada um desses modais oferece preços, prazos de entrega, perdas e danos próprios.

Observa-se, nesse sentido, que a gestão logística, nesses modais, busca agregar valor de tempo e lugar, impactando diretamente o nível do serviço oferecido ao cliente, conforme esquematizado na Figura 1.1.

Figura 1.1 – Gestão logística

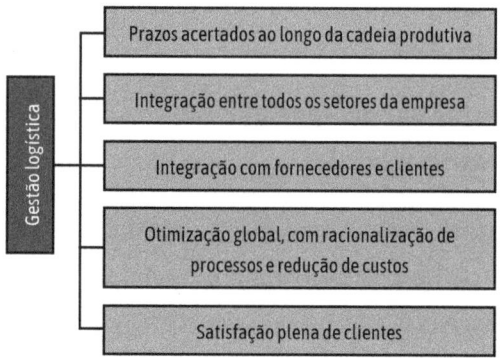

Fonte: Elaborado com base em Holanda et al., 2019.

Além disso, "as novas tecnologias de transporte são peças fundamentais no desenvolvimento da eficiência dos transportes, como *hardwares* e *softwares* acessórios das atividades operacionais" (Giacomelli; Pires, 2016, citados por Holanda et al., 2019, s. p.).

Sendo assim, é importante observar, no estudo ou no planejamento, o serviço a ser prestado ao cliente, os custos operacionais, os custos de produção e fornecimento, o gerenciamento dos estoques, a utilização de ativos e a flexibilidade. O Quadro 1.1, a seguir, esquematiza as capacidades organizacionais da gestão de transportes.

Quadro 1.1 – *Capacidades organizacionais da gestão de transportes*

Capacidade	Escopo
Gerência operacional	Programação de veículos, gerência de pátio, planejamento de cargas, roteirização de veículos e gestão das transportadoras.
Consolidação	Consolidações reativas e proativas, considerando a dinâmica dos mercados e a busca por filosofias de estoque mínimo.
Negociação	Busca pelas menores tarifas de mercado, de acordo com o serviço demandado.
Controle	Atividades como rastreamento, serviços expressos e administração das horas de serviço dos motoristas.
Gestão de reclamações	Trabalho de relacionamento com os clientes, envolvendo a gestão de contratos e as análises relativas às perdas, aos danos, à sobretarifa e à subtarifa.

Fonte: Elaborado com base em Bowersox et al., 2014, citados por Holanda et al., 2019.

1.2 Introdução aos aeroportos e aos sistemas aeroportuários

Nas últimas décadas, o transporte aéreo cresceu vertiginosamente graças ao desenvolvimento econômico e à ampliação do turismo. Nesse caminho, proporcionar infraestrutura de transporte torna-se fundamental para o aprimoramento da indústria, a eficácia econômica e o fortalecimento de uma sociedade no cenário internacional.

Diante desse cenário, Vasconcelos (2007, p. 1) assevera: "O transporte aéreo permitiu a extensão das cadeias produtivas até os locais onde a mão de obra é mais barata ou onde estão os centros de pesquisa tecnológica, ou ainda, onde é possível obter matéria-prima e controlar sua qualidade desde a origem".

Assim, percebemos que um aeroporto se configura como um ponto de contato de determinada região com o mundo do ponto de vista tanto da integração quanto do crescimento econômico.

Quadro 1.2 – Definições e conceitos do setor aeroportuário

Aeródromo	"Área definida sobre a terra ou água destinada à chegada, partida e movimentação de aeronaves" (Aeroportos..., 2021, p. 3).
Aeródromo controlado	"Aeródromo no qual se presta serviço de controle de tráfego aéreo para o tráfego do aeródromo" (Aeroportos..., 2021, p. 3).
Aeródromo de alternativa	"Aeródromo para o qual uma aeronave poderá prosseguir, quando for impossível ou desaconselhável dirigir-se para ou efetuar o pouso no aeródromo de destino previsto" (Aeroportos..., 2021, p. 3).
Aeródromo impraticável	"Aeródromo cuja praticabilidade das pistas fica prejudicada devido à condição anormal (aeronave acidentada na pista, pista alagada, piso em mau estado etc.)" (Aeroportos..., 2021, p. 3).
Aeródromo interditado:	"Aeródromo cujas condições de segurança [...] determinam a suspensão das operações de pouso e decolagem" (Aeroportos..., 2021, p. 4).
Aeronave	"Todo aparelho manobrável em voo que possa sustentar-se e circular no espaço aéreo" (Aeroportos..., 2021, p. 4).
Aeronave em emergência	"Toda aeronave que se encontra em situação de perigo latente ou iminente" (Aeroportos..., 2021, p. 4).
Aeronave extraviada	"Toda aeronave que se desviou consideravelmente da rota prevista" (Aeroportos..., 2021, p. 4).
Aeronave não identificada	"Toda aeronave que tenha sido observada, ou com respeito à qual se tenha notificado que está voando [sic], mas cuja identificação não tenha sido estabelecida" (Aeroportos..., 2021, p. 5).
Aeroporto	"Aeródromo público dotado de instalações e facilidades para apoio de operações de aeronaves e de embarque e desembarque de pessoas e cargas" (Aeroportos..., 2021, p. 5).
Aerovia	"Área de controle, ou parte dela, disposta em forma de corredor e provida de auxílios à navegação" (Aeroportos..., 2021, p. 5).
Altitude	"Distância vertical entre um nível, um ponto ou objeto considerado como ponto e o nível médio do mar" (Aeroportos..., 2021, p. 5).
Aproximação de não precisão	"Aproximação por instrumentos baseada em auxílio à navegação que não possua indicação eletrônica de trajetória de planeio" (Aeroportos..., 2021, p. 6).
Aproximação de precisão	"Aproximação por instrumentos baseada em auxílio à navegação que possua indicação eletrônica de trajetória de planeio" (Aeroportos..., 2021, p. 6).
Faixa de pista	"Área definida no aeroporto, que inclui a pista de pouso destinada a proteger a aeronave durante as operações de pouso e decolagem e a reduzir o risco de danos à aeronave" (Silva., 2010, p. 16).

Fonte: Elaborado com base em Aeroportos..., 2021; Silva, 2010.

De acordo com Silva (2010, p. 19):

A facilidade de voar, alinhada com o surgimento de diversas empresas no setor, que oferecem à população mais alternativas para viajar por meio do modo aéreo, quer pelo barateamento das passagens com o surgimento das chamadas empresas *low-cost*, quer pela variedade dos negócios em nível mundial, oriunda do processo de globalização, resultou numa realidade em que se voa mais do que antes.

Além disso, os aeroportos "se desenvolveram. A intensificação da relação dos aeroportos com as atividades comerciais os transformou de simples pontos de embarque e desembarque de passageiros para verdadeiras cidades aeroportuárias, demandando mais espaço e investimentos" (Silva, 2010, p. 21). Também não se pode deixar de comentar que, além dos aeroportos, as aeronaves também evoluíram.

Diante disso, Silva (1991, citado por Vasconcelos, 2007, p. 5) pondera: "Em um contexto onde os recursos são escassos e o orçamento limitado, a atribuição dessa prioridade (o investimento) é o reflexo de uma ação política e uma manifestação do poder, caso ela provenha unicamente do governo ou das autoridades políticas locais".

Portanto, os investimentos em infraestrutura aeroportuária dependem da capacidade de intervenção do Poder Público e das estratégias para o desenvolvimento do setor. "Para prover infraestrutura e serviços aeroportuários com segurança, conforto e eficiência, a INFRAERO [Empresa Brasileira de Infraestrutura Aeroportuária] [...] pratica desde 2003 um plano de obras que moderniza o setor no país" (Silva, 2010, p. 23).

No entanto, a infraestrutura aeroportuária enfrenta, diariamente, sérios desafios para acomodar, com segurança, o crescimento do transporte aéreo. Isso porque os avanços no setor demandam maiores investimentos estruturais, especialmente para a construção de novos aeroportos e também a expansão dos existentes. "Governos em diversos países do mundo vêm enfrentando grandes desafios em alocar recursos para adequar sua infraestrutura para atender à demanda de passageiros em aeroportos, cujo crescimento pode ser observado ao longo dos últimos anos" (Silva, 2010, p. 22).

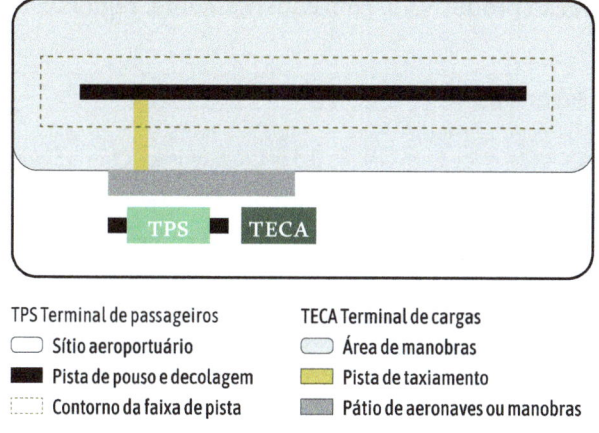

Figura 1.2 – *Representação gráfica de componentes de um aeroporto*

TPS Terminal de passageiros
◻ Sítio aeroportuário
▬ Pista de pouso e decolagem
▭ Contorno da faixa de pista

TECA Terminal de cargas
◻ Área de manobras
▬ Pista de taxiamento
▬ Pátio de aeronaves ou manobras

Fonte: Silva, 2010, p. 18.

Por seu dinamismo e suas proporções globais, o transporte aéreo notabiliza-se, cada vez mais, como uma complexa rede de comunicação, transporte e energia, essenciais para o desenvolvimento econômico de qualquer localidade. "Os aeroportos hoje em dia são muito mais que infraestruturas para a aviação; tornaram-se empreendimentos multimodais e multifuncionais, gerando considerável desenvolvimento comercial dentro e além de seus limites" (Kasarda, 2006, citado por Vasconcelos, 2006, p. 5).

No entanto, é preciso ressaltar que o potencial de um aeroporto reside em sua dinâmica de tráfego de passageiros, em sua função, sua capacidade e seu volume de cargas. Esses aspectos são determinantes para a multiplicação da economia local, regional e, até mesmo, nacional, provocando impactos consideráveis sobre as áreas adjacentes aos aeroportos. A capacidade de as sociedades dominarem as tecnologias molda seu destino, uma vez que pavimenta, a todo instante, a estruturação produtiva e, consequentemente, regional.

> **Para saber mais**
>
> FENCCOVIB – Federação Nacional dos Conferentes e Consertadores de Carga e Descarga, Vigias Portuários, Trabalhadores de Bloco, Arrumadores e Amarradores de Navios, nas atividades portuárias. **Legislação portuária brasileira**. Disponível em: <http://www.fenccovib.org.br/institucional/legislacao/legislacao-portuaria-brasileira/>. Acesso em: 11 ago. 2021.
>
> Para complementação de seus estudos, é necessário conhecer a legislação que regula o sistema portuário brasileiro. Dessa forma, sugerimos os textos sobre o assunto disponibilizados *on-line* pela Federação Nacional dos Conferentes e Consertadores de Carga e Descarga, Vigias Portuários e Trabalhadores de Bloco, Arrumadores e Amarradores de Navios (Fenccovib, 2021).
>
> Destacamos alguns dos principais dispositivos legais elencados no *site*:
>
>> Lei nº 9.277, de 10 de maio de 1996: Autoriza a União a delegar aos municípios, estados da Federação e ao Distrito Federal a administração e exploração de rodovias e portos federais.

> Decreto nº 1.910, de 21 de maio de 1996: Dispõe sobre a concessão e a permissão de services desenvolvidos em terminais alfandegados de uso público, e dá outras providências.
> [...]
> Decreto nº 1.929, de 17 de junho de 1996: Dá nova redação aos arts. 3º e 6º do Decreto nº 1.910, de 21 de maio de 1996, que dispõe sobre a concessão e a permissão de serviços desenvolvidos em terminais alfandegados de uso público.
> [...]
> Lei nº 9.719 – de 27 de novembro de 1998 – DOU de 30/11/98: Dispõe sobre normas e condições gerais de proteção ao trabalho portuário, institui multas pela inobservância de seus preceitos, e dá outras providências. (Fenccovib, 2021).

Exercício resolvido

Nas últimas décadas, o crescimento do transporte aéreo foi considerável, graças ao desenvolvimento econômico e à indústria do turismo. Diante disso, assinale a alternativa **incorreta**:

a) O transporte aéreo permitiu a expansão das cadeias produtivas até locais onde a mão de obra é mais barata ou onde estão os centros de pesquisa tecnológica.
b) A intensificação da relação dos aeroportos com as atividades comerciais fez com que simples pontos de embarque e desembarque de passageiros se tornassem grandes complexos, como verdadeiras cidades aeroportuárias.
c) Não é necessária a intervenção do Poder Público para o desenvolvimento aeroportuário. Essa relação é independente.

d) O transporte aéreo caracteriza-se pela interação com as redes de comunicação, transporte e energia, fundamentais para o progresso econômico.

Gabarito: c

Feedback do exercício: O crescimento e a organização do setor aeroportuário dependem diretamente da capacidade de intervenção do Poder Público e da opção de estratégias para seu desenvolvimento.

1.2.1 A realidade dos aeroportos no Brasil

Sabe-se que a atividade aeroportuária afeta e é afetada por seu entorno, na medida em que transforma a economia e o desenvolvimento social. Nos casos em que o aeroporto fica próximo a centros urbanos, há diversos conflitos negativos, por conta da poluição sonora e da poluição atmosférica promovida pelos gases emitidos pelos aviões. Além disso, há o impacto das limitações do solo para controle urbano, questão detalhada por Silva (2010, p. 24-25):

> Essas restrições se referem à limitação do uso do solo para atividades residenciais, educacionais e de saúde, para os quais o incômodo sonoro causa maior desconforto ou não é tolerado, como também da ocupação quanto à limitação de gabarito para construções para que não se constituam obstáculos para aeronaves em operações de pouco e decolagem. O não atendimento a tais restrições de uso e ocupação do solo pode provocar um efeito inverso: a não observância das restrições recairão sobre o aeroporto, reduzindo suas operações, comprometendo

seu funcionamento e levando à necessidade de novos investimentos para expansão e/ou locação de área para construção de novo equipamento.

Em diversos lugares, o entorno dos aeroportos é composto por áreas residenciais, o que torna a relação entre os espaços delicada, demandando ações de planejamento e operação, além de, muitas vezes, afetar ou barrar o crescimento do aeroporto.

Figura 1.3 – *Processo de implantação de aeroportos*

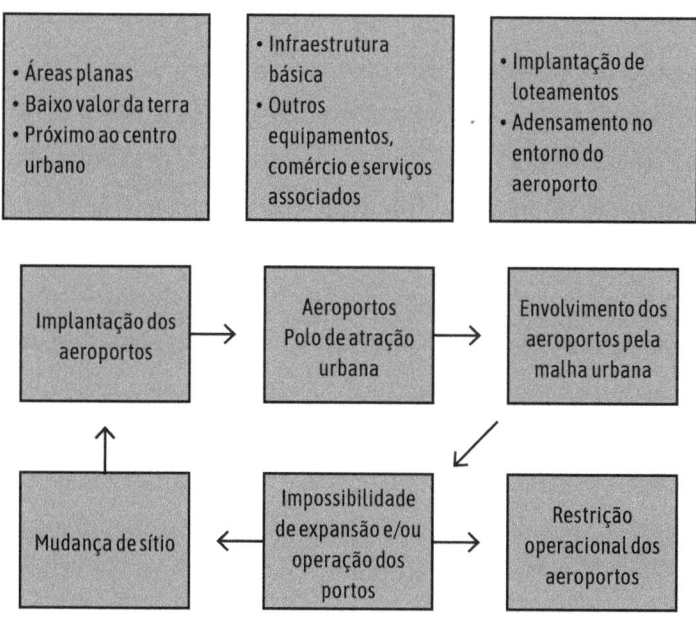

Fonte: Silva, 2010, p. 27.

Exemplificando

Medidas de segurança, saúde e proteção ambiental precisam ser adotadas nos aeroportos. Por exemplo, as áreas de aproximação devem estar desimpedidas de área residencial em um plano de 8 km de extensão, além de estar livres de edifícios comerciais, caixas d'água e chaminés.

Ademais, a ausência ou atrasos nas reformas do espaço são fatores críticos, "o que resulta não apenas nos gargalos de infraestrutura atuais, mas que também indica o tamanho do desafio de expansão de capacidade nos próximos anos" (McKinsey, 2010, citado por Meira, 2010, p. 40).

Um aeroporto apropriado necessita não somente de uma infraestrutura básica – como água, luz, telefone e vias de acesso –, mas também de investimentos constantes para melhoria e expansão. "Um dos motivos para o baixo nível de utilização dos ativos no Brasil é a falta de sistemas eficientes de incentivo para aumentar o desempenho operacional e a satisfação do usuário" (McKinsey, 2010, citado por Meira, 2010, p. 41).

É preciso ter em mente que um "novo aeroporto se transforma em um novo polo de atração urbana alimentando um ciclo de expansão ou construção desses equipamentos" (Silva, 2010, p. 26). Nesse sentido, o Brasil tem potencial para aprimorar a eficiência das operações aeroportuárias nacionais. Todavia, os baixos níveis de produtividade e qualificação pessoal são entraves a esse processo. A capacitação dos trabalhadores é essencial para garantir a qualidade no atendimento, além de evitar grandes filas, desinformação dos usuários, problemas no direcionamento dos voos, entre outros.

Os Gráficos 1.1, 1.2 e 1.3, a seguir, confirmam a carência de investimentos, a ineficiência e o potencial de crescimento dos aeroportos brasileiros, bem como oferecem um comparativo com casos internacionais.

Gráfico 1.1 – Panorama de investimentos programados pela Empresa Brasileira de Infraestrutura Aeroportuária (Infraero)

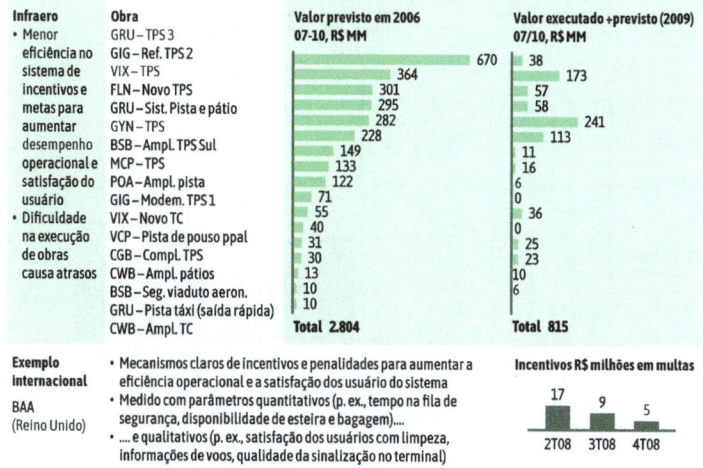

Fonte: McKinsey, 2010, citado por Meira, 2010, p. 40.

Gráfico 1.2 – Eficiência dos aeroportos brasileiros

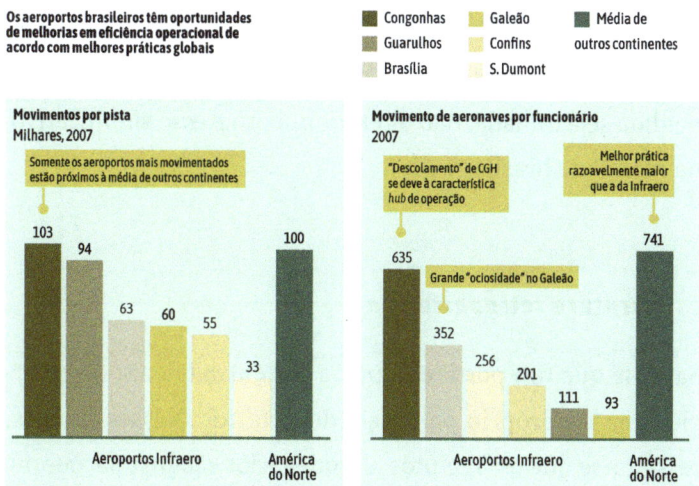

Fonte: McKinsey, 2010, citado por Meira, 2010, p. 48.

Gráfico 1.3 – **Comparativo de retornos financeiros entre diferentes atores no setor aeroportuário**

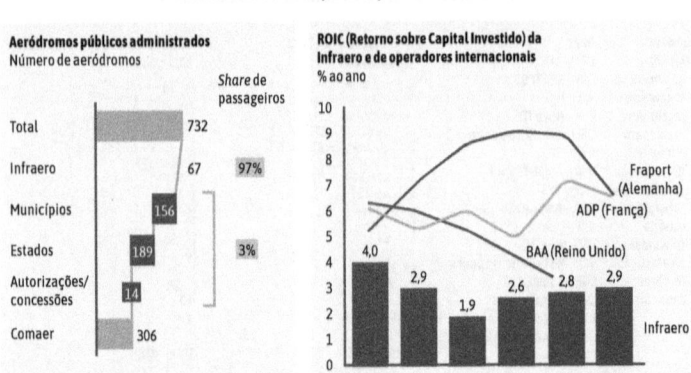

Fonte: McKinsey, 2010, citado por Meira, 2010, p. 49.

Ainda hoje, é difícil traçar um comparativo do Brasil com outras realidades internacionais, considerando a queda dos percentuais de retorno de investimentos de cada aeroporto e, ainda, a saturação de passageiros em poucos aeroportos, como em Guarulhos, Viracopos e Congonhas. Caso nenhuma medida seja tomada, não teremos um progresso significativo na realidade brasileira.

1.3 *Estrutura retroportuária*

Sabe-se que um porto é a "porta" de entrada para o comércio, seja do próprio país, seja do exterior. Nesses moldes, ressalta-se que os "recintos alfandegários são instalações ou áreas, tais como pátios, armazéns ou terminais, além das lojas francas, em que se processam serviços de controle ou armazenamento de veículos e mercadorias que entram ou saem do país" (Colonetti; Zilli, 2014, p. 1).

Assim, os terminais alfandegários podem ser localizados tanto em zonas primárias, como portos, aeroportos e pontos de fronteira, quanto em zonas secundárias, como o território aduaneiro.

Os portos e aeroportos (zonas primárias) compreendem fluxos intensos de importação e exportação. Por outro lado, as zonas secundárias envolvem a movimentação entre entrepostos, depósitos ou unidades de armazenamento de mercadoria, sob o controle aduaneiro.

Assim, "entre as formas as quais assume um terminal alfandegado podem-se citar o entreposto aduaneiro (EA) e entreposto industrial (EI), estação aduaneira de interior (EADI), estação aduaneira de interior frigorífica (EADIF) e terminal retroportuário alfandegado (TRA)" (Colonetti; Zilli, 2014, p. 1). Nesses moldes, o terminal retroportuário pode ser público ou privado. No primeiro caso, é administrado por empresas de logística e, no segundo, limita-se à realização de operações de produtos que vêm da empresa proprietária, de acordo com suas exigências.

Nesse tipo de procedimento, observa-se que o comércio é eminentemente internacional, considerando, principalmente, a relevância do transporte marítimo. Os terminais retroportuários surgem "atuando na retaguarda portuária e oferecendo serviços de suporte à empresa exportadora e ao porto de embarque, agindo, dessa forma, como facilitador do processo de exportação e importação" (Colonetti; Zilli, 2014, p. 3).

Sobre esse assunto, há diversos estudos relacionados às rotas de operações e logísticas, principalmente no Sul do Brasil. O que se observa é um forte fluxo e investimento nas áreas dos terminais. Um estudo dos autores Ricardo A. Colonetti e Julio C. Zilli (2015), intitulado "Os terminais retroportuários nas operações de logísticas das empresas exportadoras do Sul de Santa Catarina", expôs uma amostra de 12 empresas exportadoras, entre as quais, 10 utilizam serviços representantes de médio e grande porte.

É possível que algumas pessoas considerem a utilização dos portos e retroportos uma prática ultrapassada. Contudo, esse pensamento é errôneo. No estudo, os autores expõem que as empresas utilizadoras estão no mercado – inclusive, internacional – há mais de 10 anos, obtendo faturamento superior a US$ 1 milhão (Colonetti; Zilli, 2015). Entre os benefícios dessas operações, destacam-se a agilidade no processo de exportação e a redução significativa nos custos logísticos, o que justifica o uso recorrente dos retroportos.

O próprio conceito de terminal retroportuário explica que a execução dos serviços, sob o controle aduaneiro, facilita o trânsito e a logística. Esses terminais foram "uma solução da própria Receita Federal para conseguir melhorar terminais sobrecarregados, por isso, muitas vezes, o terminal retroportuário é localizado a uma longa distância do terminal portuário" (Terminal..., 2016).

Para saber mais

BRASIL. Ministério do Trabalho e Emprego. Secretaria de Inspeção do Trabalho. Unidade Especial de Inspeção do Trabalho Portuário e Aquaviário. **Nota Técnica nº P037, de 21 de julho de 2000**. Auditor: Paulo Sérgio de Almeida. Disponível em: <http://www.agitra.org.br/fotos/NT37.pdf>. Acesso em: 11 ago. 2021.

A Nota Técnica n. P037, de 21 de julho de 2000 (Brasil, 2000), sobre os Terminais Retroportuários Alfandegados (TRA), e a Lei n. 8.630, de 25 de fevereiro de 1993 (Brasil, 1993), utilizando a regulamentação trazida pelo Decreto n. 1.910, de 21 de maio de 1996, e o disposto pela Instrução Normativa da Secretaria da Receita Federal (SRF) n. 55, de 23 de maio de 2000, explicam e estabelecem as condições para a instalação e o funcionamento de terminais alfandegados de uso público. Conforme o art. 2º da Nota Técnica n. P037/2000:

> Art. 2º Terminais alfandegados de uso público são instalações destinadas à prestação dos serviços públicos de movimentação e armazenagem de mercadorias que estejam sob controle aduaneiro, não localizadas em área de porto ou aeroporto. (Brasil, 2000)

A nota também expõe a Portaria n. 88, de 11 de março de 1996, do Ministério dos Transportes, e o Ato Declaratório n. 27, de 5 de agosto de 1996, da SRF, assim como esclarece a obrigatoriedade do uso da mão de obra portuária pelos terminais privativos e as atividades inspecionadas.

1.4 Conceitos e características do domínio portuário

Para compreender os aspectos característicos do domínio público portuário, é preciso conhecer os conceitos básicos das instalações portuárias. Antes de tudo: "Portos podem ser considerados como termômetros de capacidade produtiva de uma região ou país e do comércio internacional, ou seja, quanto maior a economia, maiores deverão ser as instalações portuárias" (Santos; Robles, 2015, p. 20).

Diz-se que a prestação de serviços públicos de infraestrutura portuária é relacionada à segurança nacional e deve ser explorada, direta ou indiretamente, pelo Estado, em regime de monopólio, uma vez que se tipifica como serviços públicos de interesse geral. Sobre esse assunto, o Tribunal de Contas da União (TCU, 2006, p. 24) afirma: "São traços característicos dos serviços portuários: a) a exploração de atividade econômica de interesse público, em razão da sua indispensabilidade; e b) a situação de monopólio natural, no qual a ausência de competição entre os exploradores privados pode causar danos à coletividade".

Salientamos que, para o desenvolvimento das atividades portuárias, é imprescindível que o Poder Público disponha de espaços físicos, chamados de *bens patrimoniais públicos*. O TCU (2006, p. 30-31), em seu entendimento, afirma, ainda, que "a atividade portuária não alterou de forma substancial o conceito clássico de porto. Nesse sentido, o conceito de porto será absoluto ou relativo, hidrográfico ou funcional".

Assim, os portos são construídos e aparelhados para atender às necessidades da navegação, do comércio e, por fim, da sociedade. Ressalta-se que as operações portuárias e o tráfego estão sob a jurisdição de uma autoridade portuária.

Para saber mais

BRITTO, P. A. P. de et al. Promoção da concorrência no setor portuário: uma análise a partir dos modelos mundiais e aplicação ao caso brasileiro. **Revista Administração Pública**, Rio de Janeiro, v. 49, n. 1, p. 47-72, jan./fev. 2015. Disponível em: <https://doi.org/10.1590/0034-76121690>. Acesso em: 11 ago. 2021.

O artigo científico "Promoção da concorrência no setor portuário: uma análise a partir dos modelos mundiais e aplicação ao caso brasileiro" apresenta uma análise dos modelos de exploração portuária e identifica quatro grandes categorias de atividades portuárias. A primeira é a categoria de "regulamentação e supervisão dos serviços realizados no porto", a segunda é a de "gestão das áreas comuns do porto", a terceira é a de "gestão de áreas de uso restrito dentro do porto" e a quarta, inclusa por meio do estudo, é a de "operação portuária". Feita a discussão, os autores propõem um modelo de exploração dos portos, conforme o quadro a seguir.

Quadro 1.3 – *Proposta para regulamentação*

Modelo portuário	Regulamentação e supervisão	Gestão de áreas comuns	Gestão de áreas de uso restrito	Operação portuária
Público	Pública	Pública	Não há	Pública
Quase-Público	Pública	Pública	Não há	Privada
Público-Público	Pública	Pública	Privada	Privada
Quase-Privado	Pública	Privada	Privada	Privada
Privado	Privada	Privada	Privada	Privada

Fonte: Britto et al., 2015, p. 53.

Vieira (2018, p. 1) destaca um aspecto relevante do domínio portuário, destacando sua importância econômica:

> A operação portuária é uma etapa importante do processo logístico do fluxo de movimentação de mercadorias, em que o tempo, a eficiência e a qualidade da operação de embarque, desembarque, transbordo, estocagem e fiscalização dependem do grau de coordenação entre os atores da cadeia logístico portuária. Diante disto, o conceito de governança é inserido na operação portuária como fator chave do mecanismo de coordenação das operações, por meio do alinhamento entre os diferentes agentes desta cadeia, em busca do aumento da eficácia e da eficiência [...].

No Brasil, a modernização dos portos incentivou o crescimento destes, bem como ampliou sua importância para o comércio e para a economia nacional.

O que é

Um **porto** é uma área abrigada das ondas e correntes, localizada à beira de um oceano, um mar, um lago ou um rio e destinada à atracação de barcos e navios.

Faz-se mister esclarecer que a área de um porto abrange as instalações portuárias: o cais, as docas, os ancoradouros etc., além da infraestrutura de proteção e acesso aquaviário, como os canais, as bacias de evolução e os quebra-mares.

No modelo de organização portuária público-privado – também conhecido como *landlord público* –, de acordo com Britto et al. (2015, p. 54), as funções de regulamentação e supervisão, bem como a de gestão das áreas comuns, estão sob responsabilidade de um ente público. Já os elementos mais próximos à prestação dos serviços, como a operação propriamente dita e as áreas necessárias para a sua consecução, estão sob responsabilidade de entes privados.

Como exemplos desse modelo, podemos citar os portos de Nova Iorque – Nova Jérsei (Estados Unidos), Buenos Aires (Argentina) e Los Angeles (Estados Unidos) (Britto et al., 2015).

Quadro 1.4 – *Formas de organização dos portos adotadas pelo Banco Mundial*

Nome	Descrição
Service port	Uma autoridade pública detém e administra a infraestrutura e a superestrutura, incluindo a prestação direta dos serviços portuários aos usuários.
Tool port	Uma autoridade pública detém e administra a infraestrutura e a superestrutura. Uma determinada área do porto, juntamente com a superestrutura ali construída, é arrendada a empresas privadas para a prestação de serviços específicos.
Landlord port	Uma autoridade pública detém e administra a infraestrutura do porto. Essa autoridade cobra as taxas portuárias de empresas que atuam dentro da área do porto. Agentes privados detêm máquinas e equipamentos necessários à prestação de serviços específicos em uma determinada área do porto concedida com um objetivo específico.
Private port	Não há autoridade pública no porto. Um agente privado, proprietário da infraestrutura e da superestrutura, é responsável por todas as atividades e serviços necessários ao seu funcionamento.

Fonte: Britto et al., 2015, p. 55.

Já as cargas movimentadas nos portos são agrupadas em quatro tipos: (1) granéis (mercadorias sólidas ou líquidas movimentadas em grandes volumes); (2) cargas unitizadas (um exemplo é o contêiner); (3) cargas gerais (mercadorias de vários tipos, como caixotes, fardos etc.); e (4) *neo-bulk* (carregamentos inteiros de um único produto, por exemplo, automóveis).

A doutrina revela que o setor portuário foi impulsionado pela Lei n. 8.630, de 25 de fevereiro de 1993 (Brasil, 1993), um verdadeiro marco regulatório até a promulgação da Lei n. 12.815, de 5 de junho de 2013 (Brasil, 2013), responsável por interferir na autonomia e na gestão dos portos públicos. O TCU (2006, p. 30) explica:

> Sem dúvida, o principal elemento continua sendo a água; contudo, o desenvolvimento tecnológico experimentado pela construção civil portuária permitiu que fossem superadas dificuldades construtivas, transferindo as preocupações das instalações civis para a área disponível para embarque, desembarque e armazenamento.

Assim, os portos devem sempre buscar mecanismos para garantir seu pleno desenvolvimento, a fim de que aquele local seja eficiente em sua atividade principal, a portuária, que "não pode ser considerada apenas como ponto de passagem obrigatório das mercadorias e veículos que saem e entram no país, mas parte de um importante sistema logístico no qual são realizados a armazenagem e desembaraço de cargas" (Santos; Robles, 2015, p. 21).

> **Para saber mais**
>
> PET CIVIL UFMS. **Aula Magna**: principais conceitos na área portuária e visão geral do sistema portuário brasileiro. 2020. Disponível em: <https://www.youtube.com/watch?v=g5kZ-yyQPnE>. Acesso em: 11 ago. 2021.
>
> Recomendamos essa aula do Prof. Dr. Milton Luiz Paiva de Lima, na qual são detalhados conceitos referentes à portuária, de uma forma explicativa. Além disso, apresenta-se

uma visão mais ampla do sistema portuário e de todos os elementos que o constituem.

PRINCIPAIS desafios da logística portuária brasileira. **Wilson, Sons**, 12 fev. 2019. Disponível em: <https://pt.wilsonsons.com.br/logistica-portuaria/>. Acesso em: 11 ago. 2021.

Sugerimos a leitura desse *link* para complementação dos seus estudos. Em um infográfico detalhado, são apresentados conceitos importantes da logística, bem como formas de facilitar as operações nesse campo.

Exercício resolvido

Os portos são fortes indicativos da capacidade produtiva de uma região, de um país ou mesmo do comércio internacional. Isso porque, quanto mais forte for a economia, maiores são as instalações portuárias. Diante disso, assinale a alternativa correta:

a) Embora a prestação dos serviços públicos de infraestrutura portuária não se relacione à segurança nacional, esta deve ser explorada, direta ou indiretamente, pelo Estado em regime de monopólio.

b) Para o desenvolvimento das atividades portuárias, é prescindível que o Poder Público disponha de espaços físicos.

c) A operação portuária é de suma importância para o processo logístico do fluxo de mercadorias, pois influencia o tempo, a eficiência e a qualidade dos serviços de transbordo, desembarque, embarque e fiscalização.

d) As funções de regulamentação, supervisão e gestão das áreas comuns estão sob responsabilidade de um ente privado.

Gabarito: c

> **Feedback do exercício:** Conforme Vieira (2018, p. 1): "A operação portuária é uma etapa importante do processo logístico do fluxo de movimentação de mercadorias, em que o tempo, a eficiência e a qualidade da operação de embarque, desembarque, transbordo, estocagem e fiscalização dependem do grau de coordenação entre os atores da cadeia logístico portuária".

1.4.1 Classificações do domínio portuário

A literatura revela que, por suas características naturais ou funcionais, os portos classificam-se em *naturais* ou *artificiais*, comerciais ou militares.

Nesses moldes, um porto natural é aquele que, formado pelo conjunto de água e terra, tem condições para embarque e desembarque de bens e pessoas. Já o tipo artificial necessita da interferência pública ou privada.

Por outro lado, os portos militares são participam da continuidade da segurança do território nacional, enquanto aos portos comerciais exercem, assim como os naturais, a função de embarque e desembarque de bens e pessoas.

1.4.2 Exploração econômica do monopólio portuário

Alguns autores defendem a evolução da regulação econômica do setor por meio da descentralização da exploração dos serviços, com a finalidade de alcançar uma estrutura satisfatória para o desenvolvimento.

No tocante à intervenção estatal, o TCU (2006, p. 41-42) dispôs:

> As características sociais e econômicas do país tornam irrenunciável o dever da implementação de programas desenvolvimentistas de governos, nos quais, sempre que possível, a forma de intervenção do Estado no domínio econômico deixe de ser a empresarial e seja a de eminentemente regulador, buscando o desenvolvimento dos setores produtivos nacionais, mediante a aplicação de instrumentos e mecanismos de regulação adequados à nossa realidade, equilibrando os interesses públicos e os privados [...].

Desse modo, a atuação pública está entre o direito público e o privado, no momento de ajuste da estrutura da prestação de serviços, de acordo com as mudanças técnicas e econômicas de uma sociedade, condicionando a extensão do papel do Estado na economia.

Essa dinâmica ajuda a impulsionar os sistemas regulatórios: "A realidade de determinados segmentos econômicos estratégicos brasileiros mostra que, mesmo com o reforço do perfil regulatório do Estado e a ampliação do espaço de atuação da iniciativa privada, a intervenção estatal setorial é inevitável" (TCU, 2006, p. 42).

Para saber mais

SALOMÃO, S. O Cade e o avanço dos portos. **Portogente**, 20 maio 2020. Disponível em: <https://portogente.com.br/noticias/opiniao/112146-o-cade-e-o-avanco-dos-portos>. Acesso em: 11 ago. 2021.

Sugerimos a leitura do artigo "O Cade e o avanço dos Portos", de Sergio Salomão, presidente executivo da Associação Brasileira dos Terminais e Contêineres (Abratec), que oferece uma visão geral da situação atual da organização dos portos brasileiros. Desse texto, destacamos:

> Pela primeira vez em quase duas décadas, o segmento de terminais portuários de contêineres viu avançar uma discussão muito importante para suas atividades fundamentais, especialmente em um cenário em que aguardamos a retomada econômica do país pós-crise da Covid-19. Recentemente, o Conselho Administrativo de Defesa Econômica (CADE) emitiu uma nota técnica que reconhece a legalidade da cobrança do Serviço de Segregação e Entrega (SSE), necessária à movimentação de contêineres de terminais portuários para os terminais retro alfandegados. A avaliação ressalta que esse serviço deve ser cobrado de maneira alinhada à Resolução 34/2019 da Agência Nacional de Transportes Aquaviários (ANTAQ), vigente desde fevereiro. Esta resolução da ANTAQ deixa claro que o SSE não compõe a cesta de serviços remunerados pelo armador com o operador portuário. O parecer técnico sinaliza uma interpretação mais atualizada do CADE à prática. Além de endossar a resolução da ANTAQ, a avaliação joga luz a uma discussão que passa a ser embasada em evidências concretas sobre parâmetros e limites de um serviço que assegura o equilíbrio econômico-financeiro dos contratos de arrendamento e de adesão de todos os terminais de contêineres brasileiros. (Salomão, 2020)

1.4.3 O desenvolvimento sustentável nos portos

Sabe-se que todo empreendimento impacta, de algum modo, a natureza. Nesta subseção, destacaremos a preocupação a respeito do impacto causado pelos portos.

Com o passar dos anos, o impacto ambiental da atividade portuária passou a receber destaque, especialmente depois do final da década de 1980, com a consolidação do conceito de desenvolvimento sustentável, que se dedica à manutenção da sociedade nas esferas econômica-administrativa, social-humana e ecológica-ambiental. Esta última prevalece para os portos, definindo os contornos da exploração econômica (Avanci, 2015).

Sobre essa questão, Avanci (2015, p. 2) explica:

> Os problemas são os mais diversos, [...] variam desde a infraestrutura logísticas necessária para o acesso e escoamento de produtos para o porto, passando pelas consequências da movimentação de pessoas e meios de transporte por uma cidade. Isso para não mencionar o passivo ambiental medido em extensão, profundidade e continuidade.

Cabe ressaltar que a União tem, por força do art. 21, inciso XII, alínea f, da Constituição Federal de 1988 (Brasil, 1988), a competência para explorar direta ou indiretamente os portos marítimos, sendo esta passível de concessão, permissão, autorização e arrendamento.

1.5 Conportos e Cesportos

A Comissão Nacional de Segurança Pública nos Portos, Terminais e Vias Navegáveis (Conportos) é responsável por elaborar e implantar o sistema de prevenção e repressão a atos ilícitos praticados nos portos, terminais e vias navegáveis. A Resolução n. 52, de 20 de dezembro de 2018 (Brasil, 2018), desse órgão dispõe sobre a consolidação e a atualização de suas outras resoluções, conforme normas do Código Internacional para a Proteção de Navios e Instalações Portuárias (Código ISPS).

De acordo com o art. 3º do Decreto n. 9.861, de 25 de junho de 2019, são competências da Conportos:

> I – dispor, em âmbito nacional, sobre procedimentos de segurança pública nos portos, terminais e vias navegáveis;
> II – zelar pelo cumprimento da legislação nacional, dos tratados, das convenções, dos códigos internacionais e das respectivas emendas das quais o País seja signatário que disponham sobre segurança e proteção nos portos, terminais e vias navegáveis;
> III – avaliar periodicamente a segurança pública nos portos, terminais e vias navegáveis e encaminhar aos órgãos competentes eventuais necessidades identificadas;
> IV – elaborar projetos de segurança pública específicos para os portos, terminais e vias navegáveis e buscar, por meio da Organização Marítima Internacional, assistência técnica e financeira de países doadores e instituições financeiras internacionais;

v – apresentar às autoridades competentes sugestões de consolidação e de aperfeiçoamento de leis e de regulamentos;

vi – avaliar programas de aperfeiçoamento das atividades de segurança pública nos portos, terminais e vias navegáveis;

vii – acompanhar as ocorrências de ilícitos penais nos portos, terminais e vias navegáveis;

viii – elaborar e alterar seu regimento interno e submetê-lo à aprovação do Ministro de Estado da Justiça e Segurança Pública;

ix – orientar as Cesportos [Comissões Estaduais de Segurança Pública nos Portos, Terminais e Vias Navegáveis], no que for cabível;

x – informar à Agência Nacional de Transportes Aquaviários a constatação de não conformidades que possam implicar penalidades, tais como a ocorrência de operação portuária fora da área outorgada ou o início da operação de novas instalações portuárias sem que os estudos de avaliação de riscos e os planos de segurança portuária tenham sido previamente aprovados pela Conportos; e

xi – informar a cassação das declarações de cumprimento de instalações portuárias à Secretaria Especial da Receita Federal do Brasil do Ministério da Economia para fins de avaliação dos requisitos e das condições de alfandegamento. (Brasil, 2019b)

Ressalta-se que as ações da Conportos são de responsabilidade das Comissões Estaduais de Segurança Pública nos Portos, Terminais e Vias Navegáveis (Cesportos), que são compostas pela Polícia Federal (PF) – cujos representantes são os coordenadores –, pela Capitania dos Portos, pela Secretaria da Receita Federal, pela Agência Nacional de Transportes Aquaviários (Antaq), pelas autoridades portuárias e pelo governo de cada estado.

O art. 11 do Decreto 9.861/2019 dispõe:

> Art. 11. Compete às Cesportos:
>
> I – implantar sistema de prevenção e repressão a atos ilícitos nos portos, terminais e vias navegáveis mantido pela Conportos;
>
> II – dispor, em âmbito estadual, sobre procedimentos de segurança pública nos portos, terminais e vias navegáveis, observado o disposto no inciso I do caput do art. 3º;
>
> III – zelar pelo cumprimento da legislação nacional, dos tratados, das convenções, dos códigos internacionais e das respectivas emendas das quais o País seja signatário que disponham sobre segurança e proteção nos portos, terminais e vias navegáveis;
>
> IV – inspecionar a implantação e avaliar a eficiência dos planos de segurança portuária;
>
> V – participar das auditorias determinadas pela Conportos;
>
> VI – avaliar anualmente, no mês de novembro, a segurança pública nos portos, terminais e vias navegáveis de sua circunscrição para identificar eventuais necessidades e submeter o relatório à Conportos e aos órgãos competentes;
>
> VII – realizar anualmente o planejamento de suas atividades para o exercício seguinte e encaminhá-lo à Conportos;
>
> VIII – articular, com os órgãos representados, a inclusão dos recursos eventualmente necessários para o desenvolvimento de suas ações nos respectivos orçamentos;

IX – manter atualizados seus regimentos internos;

X – encaminhar à Conportos sugestões de consolidação e de aperfeiçoamento de leis e de regulamentos;

XI – comunicar à Conportos os incidentes de proteção ocorridos em sua circunscrição;

XII – fiscalizar os trabalhos desenvolvidos pelas Organizações de Segurança;

XIII – fiscalizar a atuação dos supervisores de segurança portuária;

XIV – participar e apoiar as ações de capacitação propostas pela Conportos;

XV – desenvolver ações de capacitação no âmbito de sua atuação;

XVI – utilizar o Sistema Eletrônico de Informações - SEI-MJSP e as demais plataformas disponibilizadas pela Conportos para sistematização dos dados de interesse da segurança pública nos portos, terminais e vias navegáveis;

XVII – manter arquivados os documentos relacionados ao exercício de suas competências anteriores à implantação do SEI-MJSP no âmbito da Conportos e das Cesportos;

XVIII – informar às autoridades competentes e à Conportos a constatação de não conformidades que possam implicar penalidades;

XIX – elaborar parecer conclusivo sobre os processos encaminhados para deliberação da Conportos e sobre os estudos de avaliação de risco e planos de segurança portuária, cuja implementação será fiscalizada in loco; e

XX – acompanhar as ocorrências de ilícitos penais nos portos, terminais e vias navegáveis de sua área de atuação.

Nesse caminho, faz-se importante apresentar as competências de cada órgão que compõe as Cesportos, como forma de fixar o conteúdo:

1) Departamento de Polícia Federal

De acordo com [...] a Instrução Normativa nº 2, de 21 de julho de 1999, compete, [sic] à Polícia Federal, por meio dos Núcleos Especiais de Polícia Marítima (NEPOM), o seguinte:

- prevenir e reprimir os crimes praticados a bordo [...];
- prevenir e reprimir os crimes de competência da Polícia Federal praticados na área portuária, adjacências e no mar territorial brasileiro [...];
- executar a fiscalização de migração de passageiros e tripulantes [...];
- fiscalizar as embarcações que operam no transporte internacional de cargas e/ou passageiros [...];
- manter uma central de comunicação com rádio, telefone, fax e "e-mail", operando 24 horas [...];
- policiar a área portuária, mediante o patrulhamento sistemático marítimo terrestre;
- buscar a integração dos órgãos que compõem a Cesportos, para uma ação mais coordenada na prevenção e repressão aos atos ilícitos.

2) Capitania dos Portos

De acordo com a Lei nº 9.537/1997, que sobre a Segurança do Tráfego Aquaviário, cabe à Marinha do Brasil, na condição de autoridade marítima, promover a implantação e execução deste dispositivo com o propósito de assegurar a salvaguarda da vida humana e a segurança da navegação, no mar aberto e hidrovias interiores [...].

3) Secretaria da Receita Federal [...]

- dirigir, supervisionar, orientar, coordenar e executar os serviços de administração, fiscalização e controle aduaneiro [...];
- participar, observada a competência específica de outros órgãos, nas atividades de repressão ao contrabando, ao descaminho e ao tráfico ilícito de entorpecentes [...];
- [...]
- proceder à apreensão de mercadorias em situação irregular [...];
- [...]
- zelar pela observância da legislação aduaneira e pela defesa dos interesses fazendários nacionais. (Brasil, 2002, p. 9-12, grifo do original)

Assim, por meio da Guarda Portuária, a Administração Portuária, em conformidade com a Portaria n. 180, de 23 de maio de 2001 (Brasil, 2001b), do Ministério dos Transportes, responsabiliza-se por:

- promover a vigilância e a segurança no porto organizado. [...];
- prestar auxílio às autoridades que exerçam suas atribuições no porto [...];
- exercer o policiamento interno das instalações do porto;
- zelar pela segurança, ordem, disciplina e fiel guarda dos imóveis [...];
- deter, em flagrante delito, os autores de crimes ou contravenções penais. (Brasil, 2002, p. 15)

1.6 A importância da Guarda Portuária para a segurança pública

Vista como um desafio para o governo, a segurança pública é fundamental para a manutenção do Estado Brasileiro. Dentro do contexto portuário, esse tema ainda é delicado, tendo em vista que não há um planejamento concreto.

É preciso ressaltar que a Guarda Portuária interessa à defesa nacional: "Os integrantes da Guarda Portuária sempre foram responsáveis pelo guarnecimento dos portos do Brasil, mesmo não sendo reconhecidos de direito, são eles que fazem o policiamento ostensivo dentro das áreas primárias e secundárias de fato" (Carvalhal, 2020).

Nesse caminho, foi elaborada a Portaria n. 121, de 13 de maio de 2009, da Secretaria de Portos da Presidência da República, que dispõe sobre a organização das Guardas Portuárias. De acordo com seu art. 2º, é possível compreender que é competência da administração organizar e regulamentar os serviços de Guarda Portuária, a fim de prover a vigilância e a segurança (Portaria..., 2016).

O que é?

Nas suas áreas de jurisdição, as Capitanias dos Portos são, normalmente, responsáveis pelo cumprimento das legislações e regulamentações marítimas e portuárias, principalmente no que compete à segurança da navegação. Veja um pouco mais sobre o assunto no material "Capitania dos Portos da Amazônia Oriental":

CAPITANIA dos Portos da Amazônia Oriental. Disponível em: <https://www.gov.br/agricultura/pt-br/assuntos/producao-animal/eventos/arquivos/apresentacao-marinha>. Acesso em: 12 ago. 2021.

1.7 Regulação portuária

É cristalina a importância estratégica que um porto exerce na economia, independentemente do momento histórico ou da organização política do país. No caso do Brasil, o investimento no setor portuário expandiu as atividades e acelerou a indústria. Na Figura 1.4, a seguir, estão expostos os principais instrumentos legais que regulamentam o funcionamento dos portos e dos transportes do país.

Figura 1.4 – *Listagem dos principais instrumentos legais e administrativos para portos e transportes*

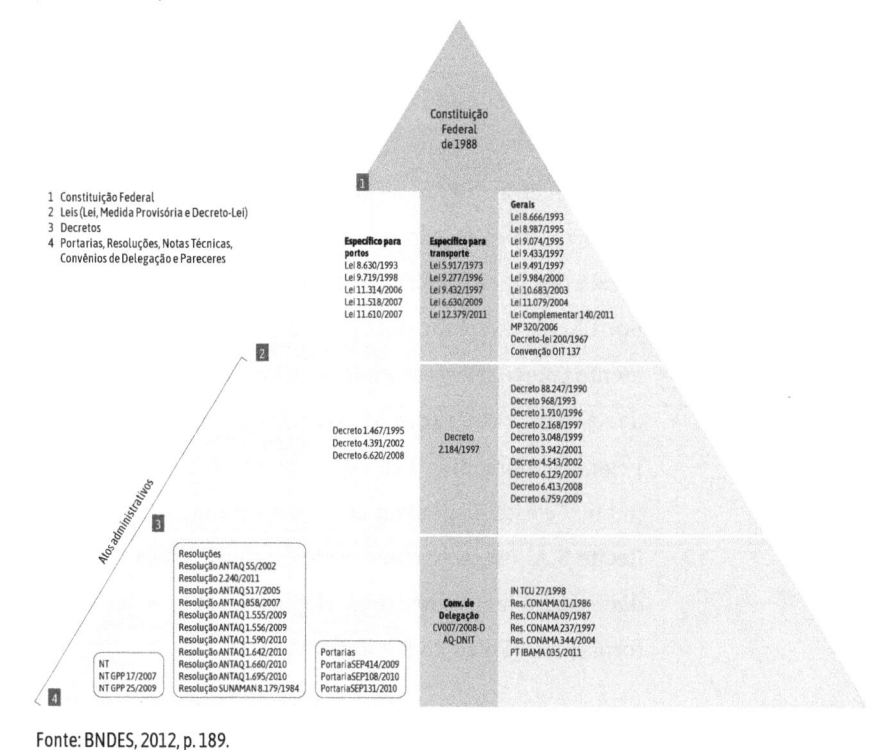

```
                        Constituição
                          Federal
                          de 1988

                                                    Gerais
1 Constituição Federal                              Lei 8.666/1993
2 Leis (Lei, Medida Provisória e Decreto-Lei)       Lei 8.987/1995
3 Decretos                      Específico para    Específico para   Lei 9.074/1995
4 Portarias, Resoluções, Notas Técnicas,  portos   transporte        Lei 9.433/1997
  Convênios de Delegação e Pareceres                                 Lei 9.491/1997
                                Lei 8.630/1993    Lei 5.917/1973     Lei 9.984/2000
                                Lei 9.719/1998    Lei 9.277/1996     Lei 10.683/2003
                                Lei 11.314/2006   Lei 9.432/1997     Lei 11.079/2004
                                Lei 11.518/2007   Lei 6.630/2009     Lei Complementar 140/2011
                                Lei 11.610/2007   Lei 12.379/2011    MP 320/2006
                                                                    Decreto-lei 200/1967
                                                                    Convenção OIT 137

                                                                    Decreto 88.247/1990
                                                                    Decreto 968/1993
                                                                    Decreto 1.910/1996
                                                                    Decreto 2.168/1997
                                Decreto 1.467/1995                  Decreto 3.048/1999
                                Decreto 4.391/2002  Decreto          Decreto 3.942/2001
                                Decreto 6.620/2008  2.184/1997       Decreto 4.543/2002
                                                                    Decreto 6.129/2007
                                                                    Decreto 6.413/2008
                                                                    Decreto 6.759/2009

         Resoluções
         Resolução ANTAQ 55/2002
         Resolução 2.240/2011
         Resolução ANTAQ 517/2005                                   IN TCU 27/1998
         Resolução ANTAQ 858/2007                                   Res. CONAMA 01/1986
         Resolução ANTAQ 1.555/2009     Conv. de                    Res. CONAMA 09/1987
         Resolução ANTAQ 1.556/2009     Delegação                   Res. CONAMA 237/1997
         Resolução ANTAQ 1.590/2010     CV007/2008-D                Res. CONAMA 344/2004
         Resolução ANTAQ 1.642/2010     AQ-DNIT                     PT IBAMA 035/2011
    NT   Resolução ANTAQ 1.660/2010     Portarias
    NT GPP 17/2007  Resolução ANTAQ 1.695/2010  Portaria SEP 414/2009
    NT GPP 25/2009  Resolução SUNAMAN 8.179/1984  Portaria SEP 108/2010
                                                  Portaria SEP 131/2010
```

Fonte: BNDES, 2012, p. 189.

"Entre os segmentos submetidos à intervenção estatal, temos o que ordena o transporte terrestre, aéreo e aquaviário, cuja aplicação depende de lei" (TCU, 2006, p. 43). Essa intervenção interage com a iniciativa privada como na exploração econômica desses serviços.

1.7.1 Regulamentos

Cada porto tem seu "Regulamento de exploração". Isso pode ser verificado em diversos exemplos: no Porto de Santos, no Porto de Itajaí, no Porto de Suape, no Porto de São Francisco do Sul, no Porto de Santana, no Porto do Recife, entre outros. Nesse caminho, expomos a introdução do Regulamento de Exploração do Porto do Recife, que demonstra a importância e a finalidade desse documento:

> O Regulamento de Exploração do Porto é instrumento de gestão da Administração do Porto e tem por objetivo estabelecer as regras de funcionamento que permitam ao porto, na execução das atividades portuárias, dando condições para o eficiente desempenho das atividades portuárias, a melhor utilização das instalações e equipamentos portuários, estímulo à concorrência na prestação de serviços portuários, e o zelo pela segurança patrimonial, pessoal e ambiental. Este regulamento é um documento público e está disponível no sítio eletrônico da Porto do Recife S.A. (www.portodorecife.pe.gov.br), neste, o cidadão poderá fazer sugestões, elogios, e solicitações de informações. (Porto do Recife, 2014, p. 1)

Ademais, é comum a todos os portos a transparência dos nomes das equipes, indicando suas funções, seu objeto, sua abrangência, em consonância com o que preconiza a Lei n. 12.815/2013:

> Art. 1º Esta Lei regula a exploração pela União, direta ou indiretamente, dos portos e instalações portuárias e as atividades desempenhadas pelos operadores portuários.
> § 1º A exploração indireta do porto organizado e das instalações portuárias nele localizadas ocorrerá mediante concessão e arrendamento de bem público. (Brasil, 2013)

Assim, esse dispositivo possibilita a concessão da exploração dos portos por seus Estados e regiões como forma de melhorar o comércio interno e externo, beneficiando não só aos empresários, mas a sociedade em geral.

1.8 Principais infrações portuárias

Nos portos, podemos encontrar as seguintes infrações: realização de trabalho portuário avulso com trabalhador não registrado ou cadastrado no Órgão de Gestão de Mão de Obra (OGMO); desigualdade na escalação em rodízio, que ocorre quando um trabalhador portuário tem seu direito ao rodízio impedido pela entidade; realização de serviços portuários com trabalhador portuário avulso sem requisição da mão de obra; não verificação, pelos tomadores de mão de obra, da presença, no local de trabalho, dos trabalhadores constantes das listas de escalação diária; realização de trabalho portuário com trabalhador temporário; inobservância do intervalo de onze horas entre jornadas; simultaneidade na prestação de serviços; descontos sindicais abusivos; desequilíbrio no rodízio; entre outros (Brasil, 2001a).

1.9 Logística: gargalos, inovação e principais equipamentos

O Brasil tem dimensões continentais, portanto, uma empresa localizada em uma extremidade do país pode percorrer milhares de quilômetros para alcançar seu cliente.

A infraestrutura logística brasileira encontra-se pouco desenvolvida, tal que muitas oportunidades comerciais são perdidas pelas empresas diariamente por conta de custos elevados para transportar e armazenar suas mercadorias. Logo, cada vez mais, organizações e entidades que representam os interesses empresariais juntam-se com o intuito de apresentar soluções aos problemas logísticos enfrentados pelo país. Segundo Freitas (2003, p. 33), "a política adotada favoreceu o desenvolvimento interno em detrimento do avanço internacional. A infraestrutura logística, principalmente o transporte, foi desenvolvida pelo governo, em um padrão estatal, para contemplar a integração do mercado interno", com isso, não se tinha uma preocupação grande em relação aos custos, à qualidade e à produtividade apresentados pelas empresas nacionais.

Há, no Brasil, diversos gargalos logísticos. Durante muito tempo, basicamente nos últimos quarenta anos, o governo brasileiro investiu na construção de estradas, favorecendo, assim, o modal de transporte rodoviário, que, apesar de ter muitas qualidades, é mais caro e concentra um alto gasto de combustível fóssil não renovável. A escolha do modal rodoviário fez com que o Brasil perdesse muito em relação à eficiência em seu processo de transporte. Sabe-se, por exemplo, que a queima de combustível fóssil é muito mal vista por nações europeias que buscam o consumo de produtos com baixo impacto ambiental. Isso se torna ainda mais importante quando analisamos que a pauta de exportações do Brasil tem como destino essas nações.

Ainda sobre as escolhas logísticas realizadas pelo governo brasileiro e a destinação de inúmeros recursos ao modal rodoviário, o que ampliou os gargalos logísticos, Fleury (2005) argumenta:

> As fragilidades representadas pelas condições precárias das rodovias, pela baixa eficiência e falta de capacidade das ferrovias, pela desorganização e excesso de burocracia dos portos, tiveram como resultado o aumento das filas de caminhões nos principais portos, longas esperas de navios para a atracação, o não cumprimento dos prazos de entrega ao exterior, tudo isto resultando no aumento dos custos e redução da competitividade dos produtos brasileiros no exterior.

Quando se reflete sobre a questão logística brasileira, faz-se importante analisar quais são os principais desafios que governos e empresas da área devem enfrentar.

Via de regra, alguns problemas logísticos nacionais são exclusivos do país, como a falta de segurança, a pouca infraestrutura nas estradas, a falta de indiciadores que permitam mensurar a eficiência e a eficácia de cada modal de transporte utilizado e a falta de integração entre os modais de transporte. No Brasil, infelizmente, nem sempre as regiões portuárias, por exemplo, possuem acesso simplificado para várias regiões do país, fazendo com que as mercadorias tenham de percorrer distância maiores, o que aumenta os custos e, consequentemente, os valores cobrados dos clientes.

A análise do custo Brasil, bem como as formas de se encontrar um equilíbrio nas escolhas logísticas do país, passam por um maior uso da tecnologia em todas as fases logísticas do transporte de produtos. Também é importante conhecer de fato como o país lida com os efeitos de suas escolhas logísticas.

Entre os principais problemas logísticos do Brasil, destacam-se os seguintes:

› **Segurança nos transportes:** Independentemente do modal, a busca por uma maior segurança ou, ainda, por agregar novos dispositivos ao transporte e armazenamento de mercadorias no país deve ser uma das principais preocupações dos profissionais que atuam nessa área. Muito se fala do roubo de cargas em relação à utilização do modal rodoviário, mas, no país, há quadrilhas especializadas em roubar cargas em portos e aeroportos. Muitos desses roubos são facilitados pela falta de segurança e de um plano que integre tanto as forças de segurança do Estado quanto as forças de segurança privadas presentes nesses locais. Além disso, roubos e assaltos em portos e aeroportos influenciam nos preços dos seguros cobrados das empresas que atuam nesses modais.

> **Mensuração do desempenho da operação:** A busca por um melhor desempenho de todos os processos logísticos é condição indispensável para o sucesso de qualquer negócio. Cada vez mais, as empresas e os profissionais que atuam na área logística devem ficar atentos às necessidades de mensurar os resultados de suas ações e atividades. De acordo com as pesquisas de Tosta (2005), tão essencial quanto a manutenção da tendência de crescimento da produção é realizar investimentos na criação, na gestão e na busca por melhorias no setor logístico. Para isso, torna-se necessário o uso de dados e *softwares* e a construção de relatórios que permitam a mensuração e a comparação das atividades logísticas.

> **Custos operacionais elevados:** A questão dos custos também afeta muito a logística nacional sob diferentes aspectos. Sabe-se que compõem o custo Brasil: a alta carga tributária; os altos custos para contratação e manutenção de trabalhadores; os custos de transação que permeiam todas as operações logísticas e os demais efeitos que atrasam ou prejudicam o comércio e a indústria nacional. Esses fatores afetam diretamente o rol de custos operacionais que permeiam as atividades logísticas brasileiras, os quais, por isso, se tornam também um gargalo no setor de transportes, prejudicando empresas, clientes e todos que atuam de forma direta ou indireta no setor. A redução dos custos operacionais logísticos deve ser perseguida. Por exemplo, o Brasil conta com inúmeros rios que poderiam ser utilizados como rota de escoamento da produção via transporte hidroviário, mas não há políticas de governo que busquem

incentivar de forma robusta esse tipo de transporte, em parte por falta de interesse dos governantes que não vislumbram votos ao realizar esses investimentos.

› **Falta de planejamento operacional**: Um planejamento integrado entre todos os *stakeholders* que participam do mercado deve ser objetivo de todos que atuam ou dependem da área. É importante considerar, ainda, que as empresas devem buscar esse planejamento integrando suas necessidades às disponibilidades e às especificidades de cada modal. No Brasil, um dos principais problemas é que, por força da política, muitas decisões são tomadas para privilegiar determinadas regiões em detrimento de outras. Em um ambiente de negócios em que os recursos são cada vez mais escassos, o uso do planejamento integrado é indispensável para que empresas e profissionais atendam aos anseios e às necessidades de todos os envolvidos.

› **Localização estratégica**: A escolha dos melhores locais para investir, principalmente quando lidamos com os modais aéreo e marítimo, é, de fato, um grande empecilho para o êxito em relação a uma maior eficiência logística. Como é de conhecimento geral, a criação e a gestão de um porto ou aeroporto envolve inúmeros *stakeholders* públicos ou privados. Em muitos casos, não é só a demanda ou o número de potenciais clientes que favorece a abertura ou a ampliação de uma estrutura desse tipo. Atualmente, somente para nos atermos em relação à questão aeroportuária, são poucas as estruturas no Brasil que podem ser ampliadas para receberem um maior fluxo de aeronaves ou aviões maiores e com maior capacidade de cargas. A falta de planejamento dos agentes públicos e privados fez com que investimentos em estruturas aeroportuárias fossem realizados desconsiderando o crescimento nos volumes transportados ou, ainda, sem considerar que a indústria da aviação civil se desenvolveria, passaria a adotar aeronaves com grande capacidade de transporte e com a necessidade de pistas maiores para pousos e decolagens. A definição da localização estratégica de portos e aeroportos deve ser fator preponderante no desenvolvimento de qualquer estratégia logística.

A questão da tecnologia é de grande importância para o setor logístico mundial e brasileiro. Muitas são as tecnologias que passaram a ser incorporadas nos transportes e no armazenamento das mercadorias e que hoje integram e fazem parte do dia a dia de portos e aeroportos. Segundo Borwersox et al. (2013, p. 39),

> com o advento da nova tecnologia da informação para controlar e registrar a situação dos carregamentos, os gerentes logísticos começaram a buscar uma movimentação mais rápida ao mesmo tempo que mantinham a consistência. A velocidade e a consistência se combinam para gerar o aspecto da qualidade do transporte. No projeto de um sistema logístico, deve-se conseguir um equilíbrio delicado entre o custo do transporte e a qualidade do serviço. Em algumas circunstâncias, o transporte lento e de baixo custo é satisfatório. Em outras, um serviço mais rápido pode ser essencial para atingir objetivos operacionais. Encontrar e administrar o composto de transporte desejado por toda a cadeia de suprimentos é uma responsabilidade importante da logística.

Com um maior uso da tecnologia nas operações portuárias e aeroportuárias em todo o Brasil, é natural que as empresas e profissionais busquem se atualizar em relação às novidades do mercado. Como a segurança é fator necessário para que uma movimentação de cargas possa ocorrer dentro das conformidades impostas por normas nacionais e internacionais, é natural que as incorporações de novas tecnologias também visem proporcionar maior segurança a todos os envolvidos nessas operações.

Nesse sentido, destacam-se três tecnologias que vem ganhando maior adesão de empresas portuárias e aeroportuárias para tornar seus processos mais seguros: uso de *escâner* para averiguação das cargas, uso de tecnologia RFID (identificação por rádio frequência) e uso de tecnologias disponíveis via dispositivos móveis.

O uso de grandes estruturas capazes de escanear contêineres, caminhões ou embalagens de transportes de grandes volumes é uma prática de mercado amplamente desenvolvida pelas empresas do setor na atualidade. Ressalta-se, ainda, que esses escâneres são avaliados em milhares de reais, sendo, muitas vezes, tecnologias importadas e, por isso, exclusivas de grandes portos e aeroportos. A implementação de estruturas que permitam escanear as cargas é um dos investimentos necessários para aumentar a confiabilidade de portos e aeroportos e para impedir o transporte de cargas ilícitas ou proibidas.

Para saber mais

ESTADÃO. **Porto de Santos aposta em mega scanner para apertar fiscalização**. 2013. Disponível em: <https://www.youtube.com/watch?v=t6R7zpJKe3g>. Acesso em: 18 ago. 2021.

> Recomendamos essa reportagem sobre a implementação do sistema de escâneres no Porto de Santos, visto que, para compreender o uso de escâneres na atividade portuária, é importante conhecer como essa tecnologia pode agregar valor e como ela pode proporcionar uma maior eficiência a todos os envolvidos.

A tecnologia RFID (*radio frequency identification* – identificação por radiofrequência) conquista cada vez mais espaço entre as empresas de logística, sendo adotada por todos os grandes armazéns em portos e aeroportos brasileiros. Essa tecnologia, segundo Nassar e Vieira (2017, p. 330), "é uma rede de comunicação a distância sem fio, que funciona pela identificação de frequências de rádio. O alcance pode chegar a metros de distância, dependendo do tipo de chip e antena utilizados". Portanto, a comunicação ocorre por meio de uma etiqueta que contém o *chip* RFID, chamada *Tag RFID*, que é responsável por enviar sinais a um leitor específico.

Em relação ao uso de tecnologias disponíveis via dispositivos móveis, devemos considerar o que dizem Peitl, Silva e Costa (2020, p. 34):

> A tecnologia da informação (TI) aplicada à logística, [sic] compõe-se de várias tecnologias que se bem aplicadas auxiliam nos processos de gerenciamento e transferência de informações entre fornecedores, empresa foco e o cliente, e também no recebimento de pedidos, controle da armazenagem de produtos e ao transporte.

Por isso, as empresas têm-se aproveitado da popularização de novas tecnologias para aprimorar suas operações. Em relação aos resultados possíveis do uso dessas tecnologias, destacam-se:

> uso de *softwares* que integram diversos sistemas dentro das atividades portuárias e aeroportuárias, de modo que não é mais necessário utilizar múltiplos sistemas;
> melhoria no fluxo das mercadorias, tornando seu manuseio e seu transporte dentro de portos e aeroportos mais ágil e eficiente;
> melhoria da comunicação entre todos os colaboradores e profissionais envolvidos no transporte das mercadorias dentro de portos e aeroportos.

A tecnologia em portos e aeroportos também pode aparecer quando tratamos do uso de equipamentos e máquinas nessas organizações. Isso se torna claro se observarmos o uso dessas máquinas nas operações portuárias e aeroportuárias. No caso dos portos, é importante considerar que, entre os equipamentos disponíveis e mais utilizados, há classificações que facilitam a compreensão.

A primeira categoria existente nas atividades portuárias refere-se ao uso dos guindastes para movimentação de cargas, contêineres e demais mercadorias. Nesse sentido, destacam-se os seguintes modelos:

> **Guindastes *offshore***: Modelo com basculamento de lança por cabos para transporte de cargas até os navios.
> **Guindaste para elevação**: Modelo amplamente utilizado nas operações de petróleo e gás, embora possa ser empregado na atividade portuária de diferentes formas.

> **Guindaste com mecanismo**: Modelo amplamente utilizado em plataformas pequenas e não tripuladas, ou, ainda, dentro de embarcações de armazenamento flutuante.
> **Guindaste ao redor da torre**: Modelo utilizado em embarcações que transportam carga e que necessitam de grande raio de rotação em suas operações.
> **Guindaste *offshore* montado**: Modelo mais adequado para operações que demandam soluções para rolamentos de giro não metálicos.

Figura 1.5 – *Modelo de guindaste utilizado na atividade portuária para movimentação de contêineres*

MOLPIX/Shutterstock

Outras máquinas e equipamentos também são importantes para a atividade portuária. Geralmente, elas fazem a movimentação e o empilhamento das mercadorias ou dos contêineres antes ou depois da entrada/saída deles dos navios. Os gestores e profissionais devem estar sempre atentos às necessidades dessas operações, a fim de realizarem a gestão de seus recursos da melhor maneira possível na compra de máquinas e equipamentos.

Destacam-se, ainda, nas operações portuárias os seguintes equipamentos:

› **Reach stackers**: Grandes equipamentos utilizados basicamente para retirar e colocar contêineres em caminhões (Figura 1.6).
› **Empty container**: máquina utilizada para no empilhamento de containers.
› **Empilhadeiras**: máquinas com uma função muito próxima à desempenhada pelo *empty container*, entretanto, geralmente, tem uma capacidade maior para o levantamento de até mais de um contêiner por vez.

Figura 1.6 – *Operação portuária de uma reach stacker*

noina/Shutterstock

Em relação às atividades aeroportuárias, os grandes equipamentos são basicamente utilizados para auxiliar a chegada dos passageiros às aeronaves ou para levar as bagagens despachadas. Basicamente existem quatro tipos de máquinas e equipamentos no ambiente externo dos aeroportos:

- equipamentos de rampa;
- veículos de comissaria;
- unidades de abastecimento;
- equipamentos de cargas;
- rebocadores para movimentação das aeronaves (Figura 1.7).

Figura 1.7 – Rebocador utilizado para manobra de aeronaves

aapsky/Shutterstock

Cada um desses equipamentos tem diversas aplicações dentro do ambiente aeroportuário, de modo que os gestores devem estar sempre atentos a sua utilidade e qualidade, buscando sempre a melhor solução possível para sua organização.

Para saber mais

GUIA PORTUÁRIO BRASIL. São Bento do Sapucaí: Grupo Guia, abr. 2016. Disponível em: <http://www.guiamaritimo.com.br/files/originals/PORTUARIO2016.pdf>. Acesso em: 12 ago. 2021.

Sugerimos, como complemento a este capítulo, o **Guia Portuário Brasil**, edição 2016.

Síntese

> Nas últimas décadas, o transporte aéreo cresceu de forma acentuada graças ao desenvolvimento econômico e ao turismo. Os aeroportos tornaram-se pontos de contato de determinadas regiões com o mundo, tanto do ponto de vista da integração quanto pelo crescimento econômico. "A intensificação da relação dos aeroportos com as atividades comerciais os transformou de simples pontos de embarque e desembarque de passageiros para verdadeiras cidades aeroportuárias, demandando mais espaço e investimentos" (Silva, 2010, p. 21). Portanto, os investimentos em infraestrutura aeroportuária dependem da capacidade de intervenção do Poder Público e das estratégias para o desenvolvimento do setor.

> "Portos podem ser considerados como termômetros de capacidade produtiva de uma região ou país e do comércio internacional, ou seja, quanto maior a economia, maiores deverão ser as instalações portuárias" (Santos; Robles, 2015, p. 20). Para o desenvolvimento das atividades portuárias, é imprescindível que o Poder Público disponha de espaços físicos, chamados de *bens patrimoniais públicos*. A operação portuária é de suma importância ao processo logístico do fluxo de mercadorias porque influencia o tempo, a eficiência e a qualidade do serviço de transbordo, bem como desembarque, embarque, fiscalização etc.

> A Comissão Nacional de Segurança Pública nos Portos, Terminais e Vias Navegáveis (Conportos) é responsável por elaborar e implantar o sistema de prevenção e repressão a atos ilícitos praticados nos portos, terminais e vias

navegáveis. As Comissões Estaduais de Segurança Pública nos Portos, Terminais e Vias Navegáveis (Cesportos) são compostas pela Polícia Federal (PF) – cujos representantes são os coordenadores –, pela Capitania dos Portos, pela Secretaria da Receita Federal, pela Agência Nacional de Transportes Aquaviários (ANTAQ), pelas autoridades portuárias e pelo governo de cada estado. Além disso, a Guarda Portuária responsabiliza-se pela Administração Portuária, tarefa que, atualmente, carece de políticas públicas e atenção da legislação.

Estudo de caso

Introdução
O presente caso aborda a situação de aprendizagem de um profissional que atua na gestão portuária e os problemas que enfrenta. Todavia, como todo estudo de caso, a proposta de intervenção deve apresentar conceitos e termos relacionados à gestão de serviços e às operações portuárias. A situação deve ser analisada em contexto amplo, abarcando todos os personagens envolvidos e suas práticas, sempre com base nas concepções teóricas abordadas no capítulos.

Caso
O Sr. Paulo Silva é o profissional responsável pelo Departamento de Recursos Humanos do Porto de Lagoa Roxa. Em seu dia a dia, o Sr. Paulo recebe a visita de várias empresas interessadas em fornecerem serviços para o porto.

Sabe-se que as atividades de todas as organizações apresentam riscos, portanto, os gestores devem atentar à forma como os trabalhadores estão expostos aos riscos dentro de suas organizações. Existem diversos riscos que podem e devem ser evitados por todos os envolvidos ao longo das atividades laborais desenvolvidas em portos.

Acidentes podem ocorrer por variados motivos, desde um arranjo físico inadequado, passando pela possibilidade de surgimento de animais peçonhentos, até o manuseio de máquinas e equipamentos sem a devida proteção.

Na última semana, o Sr. Paulo Silva recebeu a visita de uma empresa de palestras na área de recursos humanos que propôs abordar o tema "Segurança do trabalhador portuário" para todos os trabalhadores do porto. Após a contratação dessa empresa, ficou combinado que o Sr. Paulo realizaria o levantamento dos riscos ao quais os profissionais do porto estavam expostos, para que a palestra fosse elaborada de acordo com as necessidades reais do espaço.

Considerando o exposto, elenque quais seriam os riscos possíveis nas atividades portuárias levantados pelo Sr. Paulo para a palestra. Além disso, considere a importância de que ele oriente a empresa em relação aos conteúdos abordados.

Resolução
No processo de levantamento dos riscos dos trabalhadores portuários, é importante considerar que estes devem ser dimensionados em todos seus detalhes.

Em seu levantamento para a empresa de palestras, o Sr. Paulo elencou os seguintes riscos existentes na atividade portuária:

- **Riscos de acidentes**: Arranjo físico inadequado, máquinas e equipamentos sem proteção, ferramentas inadequadas ou defeituosas, iluminação inadequada, problemas na rede elétrica, probabilidade de incêndio ou explosão, animais peçonhentos e armazenamento inadequado.
- **Riscos químicos**: Envolve o contato do trabalhador com produtos químicos.
- **Riscos físico**: Ruídos, frio, calor, vibrações, medidas de controle, pressões anormais e radiações.
- **Riscos biológicos**: Envolve o contato do trabalhador com agentes biológicos.
- **Riscos ergonômicos**: Ocorrem pelo uso inadequado de máquinas, equipamentos e mobiliários.

Como recomendação do Sr. Paulo Silva, é essencial que a empresa busque apresentar, de maneira clara e objetiva, as informações acerca dos riscos que podem surgir no desenvolvimento do trabalho. É importante considerar, ainda, que os trabalhadores utilizam equipamentos de proteção individual (EPIs) durante sua jornada de trabalho.

Dicas

1. Muitas são as áreas existentes dentro de um porto. Por conta das medidas de segurança necessárias nesse ambiente de trabalho, empresas e organizações que atuam no setor devem treinar e orientar seus funcionários sobre os riscos presentes na atividade laboral. Assista ao vídeo a seguir e conheça o funcionamento desse tipo de treinamento:

SVSP Consultoria, Treinamentos e Serviços. **Treinamento Segurança Portuária com Introdução ISPS CODE**. 2018. Disponível em: <https://www.youtube.com/watch?v=muoDpX_fQ34>. Acesso em: 12 ago. 2021.

2. Conheça algumas especificidades dos riscos envolvidos em uma operação portuária no seguinte vídeo:

AEAS – Associação de Engenheiros e Arquitetos de Santos. **Webinar Segurança do Trabalho em Área Portuária**. 2020. Disponível em: <https://www.youtube.com/watch?v=2ExOLwti0u0>. Acesso em: 12 ago. 2021.

3. O uso de tecnologia para mensurar a atividade portuária é altamente recomendado para que as empresas possam garantir maior segurança a seus colaboradores. O emprego de *drones* em portos é grande. Assista ao vídeo a seguir e veja como essa ferramenta pode auxiliar os gestores:

SKYDRONESBR. **SkyDrones Segurança Portuária**. 2011. Disponível em: <https://www.youtube.com/watch?v=QEfESYxQfGA>. Acesso em: 12 ago. 2021.

2

Receita Federal do Brasil e procedimentos aduaneiros

Conteúdos do capítulo:

› Funções e características da Receita Federal do Brasil (RFB).
› Normas aduaneiras.
› Impactos das normas aduaneiras em portos e aeroportos.
› Organização Mundial das Aduanas (OMA) e sua importância no contexto dos portos e aeroportos.

Após o estudo deste capítulo, você será capaz de:

› compreender a Receita Federal;
› identificar as normas aduaneiras utilizadas nos portos e aeroportos brasileiros;
› diferenciar unidades aduaneiras e alfandegárias;
› reconhecer o impacto e a importância da OMA;
› detalhar a atuação da Receita Federal e sua abrangência no território nacional;
› identificar os principais comitês organizacionais da OMA e suas contribuições mais relevantes.

CONFORME SINALIZAMOS, A ECONOMIA BRASILEIRA DEIXOU de ser voltada apenas para o comércio interno, expandindo-se também para além das fronteiras nacionais. Esse trânsito econômico se materializa na forma de importações e exportações de produtos e matérias-primas, o que acarreta a necessidade de criação de órgãos de controle e fiscalização, além de regras específicas para esse tipo de relação jurídica.

Essas regulamentações são de extrema importância para servir de balança, evitando casos de injustiça ou desigualdade de benefícios entre mercadorias importadas e exportadas.

Neste capítulo, vamos conhecer um pouco mais sobre as normas aduaneiras em vigência no Brasil, bem como sobre os órgãos responsáveis pela regulamentação, pela criação de novas legislações, pela moderação conflitos e, consequentemente, pelo exercício de um papel coercitivo entre as partes envolvidas nas relações aduaneiras.

2.1 A Secretaria da Receita Federal do Brasil

A Receita Federal do Brasil (RFB) responsabiliza-se pela fiscalização e pelo controle aduaneiro, bem como pela imposição de normas legislativas sobre os atos de importação e exportação.

2.1.1 Competências da Receita Federal

A RFB é um importante órgão de controle nacional diretamente vinculado ao Governo Federal. Exerce sua autoridade dentro das unidades de portos e aeroportos nacionais, além de também estar presente nas chamadas *fronteiras alfandegárias*.

Figura 2.1 – Principais campos de atuação da Receita Federal Brasileira (RFB)

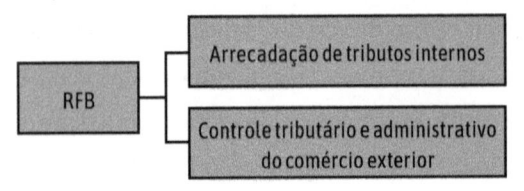

```
                    ┌─ Arrecadação de tributos internos
            RFB ────┤
                    └─ Controle tributário e administrativo
                       do comércio exterior
```

Consultando a legislação

No Brasil, a atuação da RFB no controle alfandegário baseia-se nos arts. 13 e 13-A, do Decreto n. 6.759, de 5 de fevereiro de 2009 (Brasil, 2009a), responsável por regulamentar a administração e a fiscalização das atividades aduaneiras:

> Art. 13. O alfandegamento de portos, aeroportos e pontos de fronteira somente poderá ser efetivado:
>
> I – depois de atendidas as condições de instalação do órgão de fiscalização aduaneira e de infraestrutura indispensável à segurança fiscal;
>
> II – se atestada a regularidade fiscal do interessado;
>
> III – se houver disponibilidade de recursos humanos e materiais; e
>
> IV – se o interessado assumir a condição de fiel depositário da mercadoria sob sua guarda.
>
> § 1º O disposto no caput aplica-se, no que couber, ao alfandegamento de recintos de zona primária e de zona secundária.
>
> § 2º Em se tratando de permissão ou concessão de serviços públicos, o alfandegamento poderá ser efetivado somente após a conclusão do devido procedimento

licitatório pelo órgão competente, e o cumprimento das condições fixadas em contrato.

§ 3º O alfandegamento poderá abranger a totalidade ou parte da área dos portos e dos aeroportos.

§ 4º Poderão, ainda, ser alfandegados silos ou tanques, para armazenamento de produtos a granel, localizados em áreas contíguas a porto organizado ou instalações portuárias, ligados a estes por tubulações, esteiras rolantes ou similares, instaladas em caráter permanente.

§ 5º O alfandegamento de que trata o § 4º é subordinado à comprovação do direito de construção e de uso das tubulações, esteiras rolantes ou similares, e ao cumprimento do disposto no caput.

§ 6º Compete à Secretaria da Receita Federal do Brasil declarar o alfandegamento a que se refere este artigo e editar, no âmbito de sua competência, atos normativos para a implementação do disposto neste Capítulo.

Art. 13-A. Compete à Secretaria da Receita Federal do Brasil definir os requisitos técnicos e operacionais para o alfandegamento dos locais e recintos onde ocorram, sob controle aduaneiro, movimentação, armazenagem e despacho aduaneiro de mercadorias procedentes do exterior, ou a ele destinadas, inclusive sob regime aduaneiro especial, bagagem de viajantes procedentes do exterior, ou a ele destinados, e remessas postais internacionais.

§ 1º Na definição dos requisitos técnicos e operacionais de que trata o caput, a Secretaria da Receita Federal do Brasil deverá estabelecer.

I – segregação e proteção física da área do local ou recinto, inclusive entre as áreas de armazenagem de mercadorias ou bens para exportação, para importação ou para regime aduaneiro especial;

II – disponibilização de edifícios e instalações, aparelhos de informática, mobiliário e materiais para o exercício de suas atividades e, quando necessário, de outros órgãos ou agências da administração pública federal;

III – disponibilização e manutenção de balanças e outros instrumentos necessários à fiscalização e ao controle aduaneiros;

IV – disponibilização e manutenção de instrumentos e aparelhos de inspeção não invasiva de cargas e veículos, como os aparelhos de raios X ou gama;

V – disponibilização de edifícios e instalações, equipamentos, instrumentos e aparelhos especiais para a verificação de mercadorias frigorificadas, apresentadas em tanques ou recipientes que não devam ser abertos durante o transporte, produtos químicos, tóxicos e outras mercadorias que exijam cuidados especiais para seu transporte, manipulação ou armazenagem; e

VI – disponibilização de sistemas, com acesso remoto pela fiscalização aduaneira, para:

a) vigilância eletrônica do recinto;

b) registro e controle:

1. de acesso de pessoas e veículos; e

2. das operações realizadas com mercadorias, inclusive seus estoques.

§ 2º A utilização dos sistemas referidos no inciso VI do § 1º deverá ser supervisionada por Auditor-Fiscal da Receita Federal do Brasil e acompanhada por ele por ocasião da realização da conferência aduaneira.

§ 3º A Secretaria da Receita Federal do Brasil poderá dispensar a implementação de requisito previsto no § 1º, considerando as características específicas do local ou recinto.

No que se refere aos detalhes da atuação da RFB, é fundamental, ainda, analisar as demais normas relacionadas ao processo.

Além de sua função fiscalizadora, a RFB é um órgão unificado que atua na área de arrecadação fiscal tributária e também na aduana, diferentemente do que ocorre em outros países onde órgãos distintos são responsáveis por essas tarefas.

No que tange às arrecadações tributárias realizadas pela RFB, destacamos seu importante papel na proteção da economia e do mercado brasileiro, visto que atua como agente de fiscalização contra quaisquer negociações do comércio exterior que venham a ser prejudiciais ao país. Assim, é possível considerar de extrema importância o papel realizado pelo órgão para impedir a importação ou a exportação de produtos perigosos, falsificados, subfaturados ou sem aprovação necessária dos organismos responsáveis.

Já no que se refere ao controle aduaneiro, sobressai a atuação da RFB na fiscalização do pagamento de tributos de forma incidental, mas bastante necessária para apurar a regularidade das mercadorias que entram ou saem do país, incluindo aquelas consideradas tributariamente imunes.

Perguntas & respostas

No escopo da atuação da RFB, como podemos definir o caráter dos tributos recolhidos tanto sobre os produtos de importação e exportação quanto sobre os bens taxados pelo controle aduaneiro?

A resposta para essa pergunta é dada por Luz (2015) ao descrever esses tributos como detentores de um caráter extrafiscal, em outras palavras, econômico. Em suma, os tributos recolhidos pela RFB são considerados não arrecadatórios e agem como uma proteção contra importações e exportações que podem oferecer algum tipo de dano econômico ao Brasil.

Portanto, diante do exposto, é possível diferenciar claramente a atuação da RFB do controle e taxação aduaneira e do simples controle fiscal exercido pelo Estado, cujo principal objetivo é obter receitas públicas para custeio do governo e de seus projetos centrais, não visando qualquer tipo de benefício ao mercado e à economia do país.

Além dos dispositivos legais já citados, Luz (2015) também destaca o importante papel do Decreto n. 7.482, de 16 de maio de 2011, que delimita as principais competências da RFB em seu art. 15:

> Art. 15. À Secretaria da Receita Federal do Brasil compete:
> I – planejar, coordenar, supervisionar, executar, controlar e avaliar as atividades de administração tributária federal e aduaneira, inclusive as relativas às contribuições sociais destinadas ao financiamento da seguridade social e às contribuições devidas a terceiros, assim entendidas outras entidades e fundos, na forma da legislação em vigor;

II – propor medidas de aperfeiçoamento e regulamentação e a consolidação da legislação tributária federal;

III – interpretar e aplicar a legislação tributária, aduaneira, de custeio previdenciário e correlata, editando os atos normativos e as instruções necessárias à sua execução;

IV – estabelecer obrigações tributárias acessórias, inclusive disciplinar a entrega de declarações;

V – preparar e julgar, em primeira instância, processos administrativos de determinação e exigência de créditos tributários e de reconhecimento de direitos creditórios, relativos aos tributos por ela administrados;

[...]

VII – acompanhar a execução das políticas tributária e aduaneira e estudar seus efeitos sociais e econômicos;

VIII – planejar, dirigir, supervisionar, orientar, coordenar e executar os serviços de fiscalização, lançamento, cobrança, arrecadação e controle dos tributos e demais receitas da União sob sua administração;

[...]

XII – promover atividades de cooperação e integração entre as administrações tributárias do país, entre o fisco e o contribuinte, e de educação fiscal, bem assim preparar e divulgar informações tributárias e aduaneiras;

XIII – realizar estudos para subsidiar a formulação da política tributária e estabelecer política de informações econômico fiscais e implementar sistemática de coleta, tratamento e divulgação dessas informações;

XIV – celebrar convênios com órgãos e entidades da administração pública e entidades de direito público ou privado, para permuta de informações, racionalização de atividades, desenvolvimento de sistemas compartilhados e realização de operações conjuntas;

[...]

XX – planejar, coordenar e realizar as atividades de repressão ao contrabando, ao descaminho, à contrafação e pirataria e ao tráfico ilícito de entorpecentes e de drogas afins, e à lavagem e ocultação de bens, direitos e valores, observada a competência específica de outros órgãos;

XXI – administrar, controlar, avaliar e normatizar o Sistema Integrado de Comércio Exterior – Siscomex, ressalvadas as competências de outros órgãos;

XXII – articular-se com órgãos, entidades e organismos nacionais, internacionais e estrangeiros que atuem no campo econômico-tributário, econômico-previdenciário e de comércio exterior, para realização de estudos, conferências técnicas, congressos e eventos semelhantes; (Brasil, 2011a)

A dúvida que esse dispositivo pode gerar está relacionada com o inciso XX, referente à competência da RFB nos casos de contrabando, tráfico e lavagem de dinheiro, que, por lei, dizem respeito à Polícia Federal (PF). No entanto, ambos os órgãos atuam nessa área de formas diferentes, uma vez que é função da PF apreender as pessoas suspeitas envolvidas no ilícito, enquanto a RFB responsabiliza-se pela apreensão e pela destinação da mercadoria contrabandeada.

2.1.2 Jurisdição da Receita Federal do Brasil

Conforme indicamos, o poder e a influência da RFB são, reconhecidamente, exercidos dentro de todo o território brasileiro. Segundo Caparroz (2012), é necessário salientar que, para fins de legislação aduaneira, esse território se divide em duas partes: zonas primárias e zonas secundárias.

Figura 2.2 – *Zonas de divisão do território nacional para fins aduaneiros*

Zonas primárias	Áreas terrestres de fronteiras com outros países
	Áreas terrestres em locais onde há aeroportos
	Áreas terrestres e aquáticas, de maneira contínua ou não, nos pontos delimitados
Zonas secundárias	Abrangem todo o país, exceto as áreas consideradas zonas primárias

2.1.3 Estrutura da Receita Federal

É importante salientar que a estrutura da RFB é subdividida em secretarias específicas que atuam de maneira especializada em determinados setores, tal que o serviço se torna mais completo e abrangente. Segundo o próprio *site* do órgão (RFB, 2021), a RFB é composta de unidades centrais e descentralizadas que estão espalhadas por todo o país, com 8,5 milhões km² sob sua inspeção.

Figura 2.3 – Estrutura hierárquica da Receita Federal do Brasil

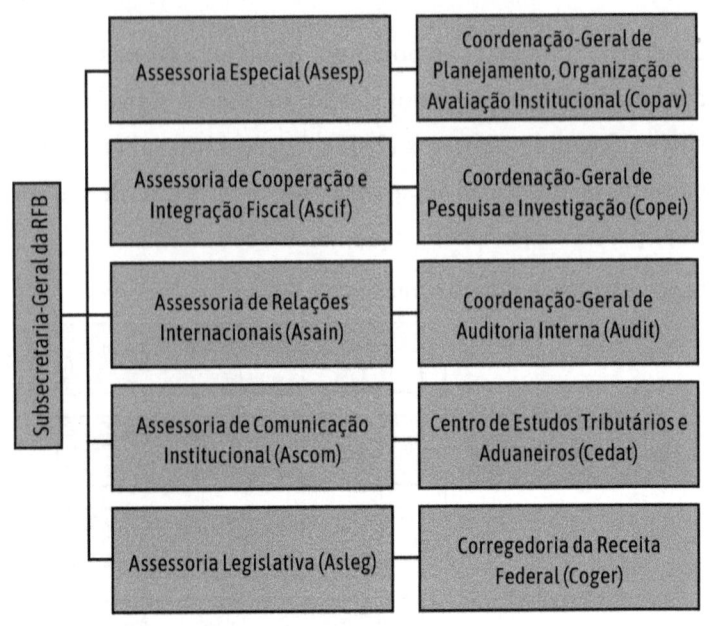

Subsecretaria-Geral da RFB		
	Assessoria Especial (Asesp)	Coordenação-Geral de Planejamento, Organização e Avaliação Institucional (Copav)
	Assessoria de Cooperação e Integração Fiscal (Ascif)	Coordenação-Geral de Pesquisa e Investigação (Copei)
	Assessoria de Relações Internacionais (Asain)	Coordenação-Geral de Auditoria Interna (Audit)
	Assessoria de Comunicação Institucional (Ascom)	Centro de Estudos Tributários e Aduaneiros (Cedat)
	Assessoria Legislativa (Asleg)	Corregedoria da Receita Federal (Coger)

Fonte: Receita Federal, 2021.

Ainda de acordo com o *site* da RFB, a estrutura nacional conta com "89 Delegacias (incluindo as de Julgamento e as Especializadas), 29 Alfândegas, 43 Inspetorias, 266 Agências e 52 Pontos de Atendimento" (RFB, 2021).

> **Para saber mais**
> RECEITA FEDERAL. Estrutura da Receita Federal. Disponível em: <https://www.gov.br/receitafederal/pt-br/acesso-a-informacao/institucional/estrutura-organizacional>. Acesso em: 12 ago. 2021.
> Essa página do *site* da RFB facilita a compreensão da estrutura da RFB e apresenta suas principais divisões internas.

2.2 Aduana

Antes de abordarmos a relação da RFB com as normas aduaneiras vigentes no país, é importante esclarecer o conceito geral da aduana. De acordo com um material da RFB (2017), a aduana é um órgão do governo localizado em regiões de fronteiras internacionais que "controla e fiscaliza o fluxo internacional de bens, mercadorias e veículos". Em território brasileiro, cabe à RFB exercer a administração aduaneira (RFB, 2017).

De forma mais abrangente, podemos definir que *aduana* é um dos sinônimos da palavra *alfândega*. No entanto, a Portaria n. 203, de 14 de maio de 2012 (Brasil, 2012), do Ministério da Fazenda, determina que o termo *alfândega* deve ser utilizado para designar as unidades aduaneiras presentes apenas nos portos e aeroportos internacionais, o que não compreende, portanto, as unidades de aduana que integram a fiscalização das fronteiras terrestres.

Figura 2.4 – **Funções da aduana**

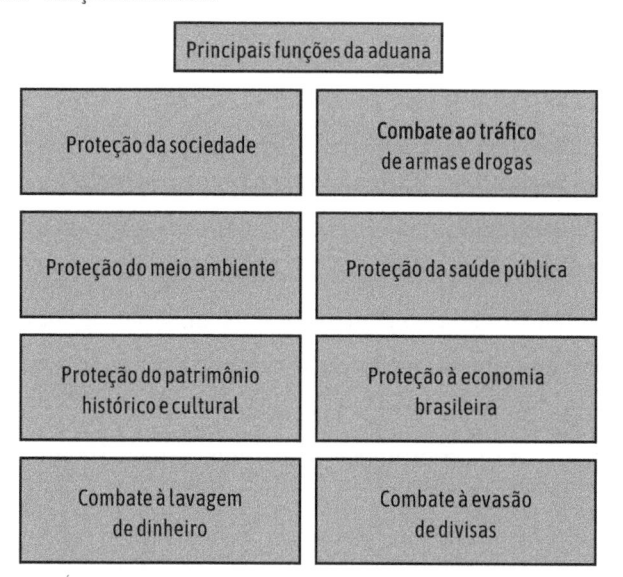

Principais funções da aduana	
Proteção da sociedade	**Combate ao tráfico** de armas e drogas
Proteção do meio ambiente	Proteção da saúde pública
Proteção do patrimônio histórico e cultural	Proteção à economia brasileira
Combate à lavagem de dinheiro	Combate à evasão de divisas

Exemplificando

Torna-se mais fácil compreender a função da aduana se tomarmos como exemplo algumas das ações mais frequentes do órgão, como a fiscalização para coibir a importação de mercadorias que possam causar danos à saúde (não certificadas), falsificadas, adulteradas, ilegais e de baixa qualidade. Além disso, a aduana pode atuar na fiscalização contra o contrabando de plantas, animais, sementes e mudas, bem como de obras de arte e itens que compõem o patrimônio cultural do país. Outro ponto de destaque é sua atuação na proteção do mercado, da economia e da indústria brasileira, evitando que entrem no país mercadorias subfaturadas ou que possam prejudicar, de alguma forma, a economia do país.

No que diz respeito às normas aduaneiras, é válido procurar mais detalhes sobre o Decreto n. 6.759, de 5 de fevereiro de 2009 (Brasil, 2009a), que dispõe sobre a atuação da aduana no Brasil e a fiscalização aduaneira.

2.2.1 Legislação aduaneira

Assim como todos os demais órgãos que compõem a estrutura do nosso país, a aduana também necessita de regras e normas que regulamentem sua atuação e seu funcionamento. Nesse sentido, a legislação aduaneira abrange toda e qualquer norma relacionada ao controle e à fiscalização de mercadorias provenientes de importação ou destinadas à exportação.

Dessa maneira, é importante destacar que a legislação aduaneira busca e promove mecanismos para impulsionar a aduana a alcançar seus principais objetivos, contemplados anteriormente.

Figura 2.5 – Esquema de importação

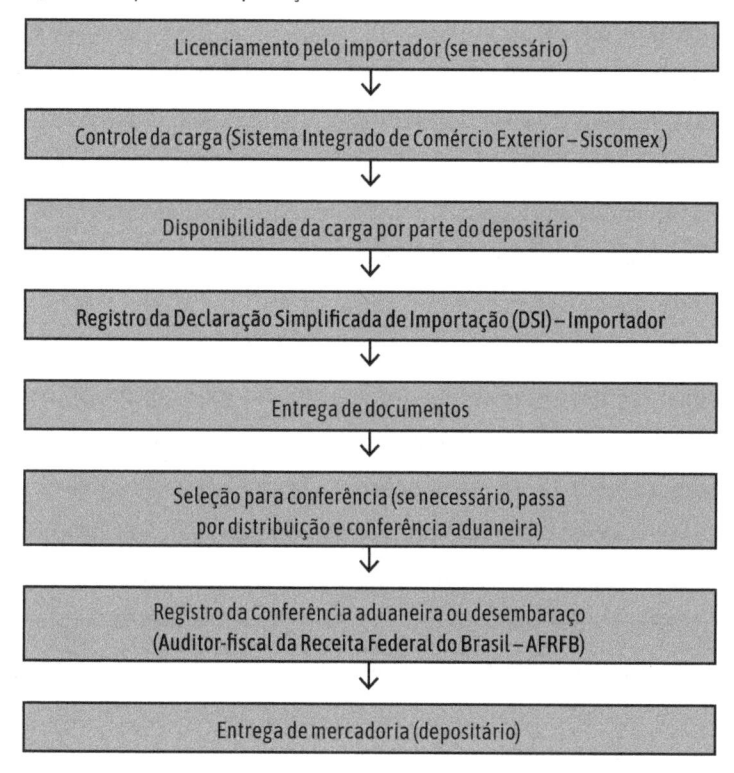

```
┌─────────────────────────────────────────────────────────────┐
│        Licenciamento pelo importador (se necessário)        │
└─────────────────────────────────────────────────────────────┘
                              ↓
┌─────────────────────────────────────────────────────────────┐
│  Controle da carga (Sistema Integrado de Comércio Exterior  │
│                        – Siscomex)                          │
└─────────────────────────────────────────────────────────────┘
                              ↓
┌─────────────────────────────────────────────────────────────┐
│       Disponibilidade da carga por parte do depositário     │
└─────────────────────────────────────────────────────────────┘
                              ↓
┌─────────────────────────────────────────────────────────────┐
│  Registro da Declaração Simplificada de Importação (DSI)    │
│                       – Importador                          │
└─────────────────────────────────────────────────────────────┘
                              ↓
┌─────────────────────────────────────────────────────────────┐
│                   Entrega de documentos                     │
└─────────────────────────────────────────────────────────────┘
                              ↓
┌─────────────────────────────────────────────────────────────┐
│      Seleção para conferência (se necessário, passa         │
│         por distribuição e conferência aduaneira)           │
└─────────────────────────────────────────────────────────────┘
                              ↓
┌─────────────────────────────────────────────────────────────┐
│     Registro da conferência aduaneira ou desembaraço        │
│  (Auditor-fiscal da Receita Federal do Brasil – AFRFB)      │
└─────────────────────────────────────────────────────────────┘
                              ↓
┌─────────────────────────────────────────────────────────────┐
│            Entrega de mercadoria (depositário)              │
└─────────────────────────────────────────────────────────────┘
```

Uma parte considerável da legislação aduaneira está voltada para o controle e a regulamentação das importações, ou seja, para os processos que envolvem a compra, por consumidores nacionais, de produtos internacionais. Como vimos anteriormente, o processo de importação é cheio de regulamentações específicas e etapas que acabam por equilibrar e tratar com justiça bens e mercadorias que entram no território nacional.

Assim, quando abordamos empresas que desejam realizar ações de importação, é válido destacar que estas devem apresentar dois tipos de registros oficiais. Um deles refere-se à capacidade de importador no Registro de Exportadores e Importadores (REI), responsável por habilitar uma empresa para realizar essa modalidade de comércio. Já o outro é emitido pelo Sistema Integrado de Comércio Exterior (Siscomex). Por meio desses registros, a RFB recebe os dados das empresas responsáveis pela importação, bem como os detalhes sobre os produtos a serem importados.

Dentro do processo de registro do Siscomex, são detalhadas informações relacionadas ao importador e aos produtos a serem importados. De acordo com Silveira, Azambuja e Souza (2016), nessa etapa ocorre a emissão das seguintes documentações: Licenciamento de Importação (LI), Declaração de Importação (DI) e Registro de Operações Financeiras (ROF).

No que diz respeito ao transporte da mercadoria importada, é necessário destacar que cabe ao Incoterm (*International Rules for Interpretation of Trade/Commercial Terms*) o estabelecimento de regras e normas basilares para o estabelecimento dos fretes. Além disso, é atribuição do órgão a gestão e a resolução de negociações, visando, principalmente, a resolução amigável de conflitos e uma melhor interpretação das normas e regulamentações internacionais para os processos de importação e exportação.

Toda a fiscalização desses procedimentos é realizada por meio da parceria com diversos órgãos, entre os quais Silveira, Azambuja e Souza (2016, p. 277) destacam: "Secretaria do Comércio Exterior; Câmara de Comércio Exterior; Secretaria da Receita Federal".

Por meio das zonas primárias, acontece o fluxo de entrada e saída de mercadorias do território brasileiro. Como pontuamos anteriormente, os órgãos da alfândega situam-se justamente nesses pontos, responsabilizando-se diretamente pela fiscalização dos produtos importados ou exportados. Dessa maneira, as mercadorias ficam armazenados até que saia o registro final da DI e os documentos da RFB de despacho aduaneiro.

Exercício resolvido

Apesar de, em muitos lugares, encontrarmos que os termos *aduana* e *alfândega* são sinônimos, a Portaria n. 203/2012 do Ministério da Fazenda determina que esses órgãos são, na verdade, distintos. Diante disso, assinale a alternativa correta:

a) A palavra *aduana* é utilizada para designar os postos fiscais da Receita Federal presentes em zonas primárias, enquanto as *alfândegas* denominam os postos presentes em zonas secundárias.

b) A palavra *alfândega* deve ser utilizada para designar as unidades aduaneiras presentes apenas nos portos nacionais e internacionais, o que não abarca as unidades de aduana que fazem parte da fiscalização das fronteiras terrestres e dos aeroportos.

c) A palavra *alfândega* é utilizada para designar os postos fiscais da Receita Federal presentes em zonas primárias, enquanto o termo *aduana* denomina os postos presentes em zonas secundárias.

d) A palavra *alfândega* deve ser utilizada para designar as unidades aduaneiras presentes apenas nos portos e aeroportos internacionais, não abarcando as unidades de aduana que fazem parte da fiscalização das fronteiras terrestres.

Gabarito: d

Feedback do exercício: A palavra *alfândega* deve ser utilizada para designar as unidades aduaneiras presentes apenas nos portos e aeroportos internacionais, e não abrange as unidades de fiscalização das fronteiras terrestres, que são chamadas de *aduanas*. Além disso, como discutimos na Seção 2.1.2, as zonas primárias e secundárias estão relacionadas com as zonas de divisão do território nacional para fins aduaneiros, e não com as determinações legais para as palavras *alfândega* e *aduana*.

2.2.2 Valoração aduaneira

Quando tratamos dos valores aduaneiros, é necessário destacar a atuação do Comitê de Valoração Aduaneira – um órgão da Organização Mundial do Comércio (OMC) – e do Comitê Técnico de Valoração Aduaneira – que faz parte da Organização Mundial das Aduanas (OMA) –, que criam normas específicas de valoração para as mercadorias e fiscalizam o pagamento das taxas aduaneiras.

De acordo com Caparroz (2012), a legislação brasileira é norteada pelo princípio da generalidade no que tange à valoração aduaneira das mercadorias que entram no país. Esses produtos importados, então, passam pelas chamadas *alíquotas ad valorem*. Assim, o valor declarado na DI **deve** ser exatamente o mesmo da transação realizada entre as partes e que foi efetivamente pago.

No que tange às taxas aplicáveis aos itens voltados para exportação, a OMC estabelece que as decisões relacionadas a elas cabem ao direito interno de cada país que integra a organização e devem estar em harmonia com os fundamentos desta.

Cabe salientar que são vetadas pelo Acordo de Valoração Aduaneira da OMC as vendas sob restrições de cessão ou de utilização dos produtos adquiridos. Isso evidencia a diferença entre esse tipo de negócio jurídico e outros mais conhecidos, como a locação e o arrendamento mercantil. No entanto, assim como toda regra, essa também conta com exceções:

› Desde que as restrições façam parte de exigência legal ou sejam emitidas pela administração pública do importador do produto.
› Restrições limitadas a uma área geográfica específica onde as mercadorias podem ser alvo de revenda.
› Desde que integrem um valor que não provoque alteração relevante no valor dos produtos adquiridos.

Outro requisito essencial para a validade do negócio jurídico internacional, bem como para a validação das valorações aduaneiras, é a presença, na transação, da reciprocidade e do equilíbrio entre as partes.

O principal elemento a impactar a valoração aduaneira de um produto é exatamente seu preço. Nesse sentido, o Acordo de Valoração Aduaneira proíbe a existência de condições ao negócio ou de contraprestações que acabem tornando os órgãos competentes incapazes de averiguar o valor real dos produtos recebidos. Dessa forma, é essencial que as partes fixem o preço certo e justo, deixando apenas termos posteriores à contratação e à consequente importação como passíveis de ajustes. Essa norma acaba por coibir a existência de parcelas em débito que resultem na revenda, na cessão ou, até mesmo, na utilização dos produtos e que estes sejam cobrados apenas após o recebimento das importações.

Com isso, é preciso deixar claro que toda e qualquer prestação a ser paga entre comprador e vendedor, nos casos das vendas internacionais, deve ser efetivada e comprovada no momento da importação, sendo vetadas quaisquer outras formas de pagamento ou ganho que possam ser supervenientes a essa etapa do processo.

Quando falamos especificamente da valoração aduaneira adotada dentro da legislação brasileira, é necessário considerarmos que ela se liga diretamente às normas do Mercado Comum do Sul (Mercosul), válidas para os países que integram essa organização. Assim, uma das regras mais importantes a ser observada é a possibilidade que a lei abre para o **arbitramento**, ou seja, a base de cálculo tributário e as taxas provenientes da importação podem ser arbitradas pelos órgãos competentes, segundo Caparroz (2012, p. 754), quando houver:

> fraude, sonegação ou conluio, quando não for possível a apuração do preço efetivamente praticado na importação; e descumprimento, pelo importador, da obrigação de manter em boa guarda e ordem os documentos relativos às transações que realizarem, especialmente aqueles considerados essenciais para a instrução das declarações

aduaneiras, quando existir dúvida sobre o preço efetivamente praticado.

Sendo confirmada também a chamada *desqualificação das informações passadas pelo importador*, deve ser observado o método de arbitramento complementar da valoração criado e efetivado pela lei do país em que a infração ocorreu. Caparroz (2012) determina a possibilidade de tais arbitramentos com base em alguns critérios de ordem sequencial, conforme a Figura 2.6.

Figura 2.6 – Critérios de arbitramento de valores pelo método complementar

Preço de exportação nacional de produto igual ou similar

Preço de produto igual ou similar dentro do mercado internacional, apurado por meio de: • cotação da bolsa de mercadoria ou publicações especializadas no assunto; • método substitutivo ao do valor observado pelo contrato – devendo ser observado o princípio da razoabilidade; • por meio da expedição de laudo de entidade responsável ou de um especialista técnico na área.

Fonte: Elaborado com base em Caparroz, 2012.

Esses elementos evidenciam a observância de importantes princípios jurídicos, como o princípio da legalidade e o da segurança jurídica, que baseiam o arbitramento de valores perante os dados do mercado internacional.

Exercício resolvido

A Receita Federal do Brasil (RFB) é um importante órgão de controle nacional e que está diretamente vinculado ao Governo Federal e exerce sua autoridade dentro das unidades de portos e aeroportos nacionais, além de também estar presente nas chamadas *fronteiras alfandegárias*. Nesse sentido, uma das principais funções da RFB é:

a) apreender pessoas suspeitas de contrabando, descaminho, contrafação, pirataria ou tráfico ilícito de entorpecentes e de drogas, além de casos de lavagem e ocultação de bens, direitos e valores.

b) planejar, coordenar, supervisionar, executar, controlar e avaliar as atividades de administração tributária federal e aduaneira, inclusive as relativas às contribuições sociais destinadas ao financiamento da seguridade social e às contribuições devidas a terceiros, assim entendidas outras entidades e fundos.

c) fiscalizar o controle aduaneiro da entrada e saída de pessoas do território brasileiro, sendo a alfândega a principal responsável por essa atividade, enquanto a aduana é responsável pelo controle dos bens e produtos advindos ou destinados ao comércio exterior.

d) fiscalizar a entrada e a saída de produtos destinados ao comércio exterior por meio de postos que se encontram dentro de portos e aeroportos nacionais e internacionais ou em fronteiras territoriais e estatais do país.

Gabarito: b

Feedback do exercício: A função de apreensão de pessoas suspeitas em contrabando e tráfico internacional é de responsabilidade da PF, cabendo à RFB a apreensão dos produtos ilícitos advindos dessas operações. Além disso, os tributos arrecadados pela RFB têm caráter econômico e não arrecadatório. Também não faz parte da competência da RFB a fiscalização da entrada e da saída de pessoas no país, e sim de produtos. Dessa maneira, esse órgão atua nas áreas de importação e exportação, de forma que sua presença é dispensável dentro dos portos e aeroportos nacionais.

2.3 Organização Mundial das Aduanas

A OMA é um órgão internacional intergovernamental independente, formado por 177 administrações aduaneiras (Caparroz, 2012) e fundado em 1952, sob a nomenclatura de *Conselho de Cooperação Aduaneira*. A organização, que em inglês é designada pela sigla WCO (*World Customs Organization*), mudou de nome em 1994, junto com a fundação da OMC, estabelecida pelo Acordo de Marraquexe. Sua sede oficial é em Bruxelas, na Bélgica.

Sua principal missão gira em torno do aumento na eficácia das administrações aduaneiras e, com base em dados de 2015, exerce influência em mais de 98% das transações internacionais do mercado mundial.

Para Caparroz (2012), destaca como os principais objetivos da entidade: estabelecer, manter, auxiliar e promover instrumentos internacionais que se propõem a harmonizar e uniformizar a aplicação dos sistemas aduaneiros, a fim de os tornar cada vez mais simples e eficazes; e promover o treinamento para procedimentos relacionados ao movimento de *commodities*, pessoas, produtos e veículos entre as fronteiras internacionais.

Também é de grande importância os esforços da OMA para uniformizar a legislação aduaneira comercial internacional, procurando uma maior efetividade na cooperação entre seus membros e focando na ajuda mútua no combate aos tráficos de ilícitos no comércio exterior.

Por fim, devemos destacar a função prestada pela organização no auxílio a seus membros e os desafios que enfrenta, na atualidade, perante as constantes transformações do mercado moderno. Dessa forma, são organizadas ações direcionadas à comunicação e à cooperação entre os membros. Além disso, inclui organismos internacionais guiados pela integridade e dedica-se ao desenvolvimento de recursos humanos, promovendo um melhor gerenciamento das aduanas e o compartilhamento de boas práticas.

A OMA é autointitulada "a voz da comunidade aduaneira mundial" e responsabiliza-se pela promoção da discussão de pautas importantes que vão nortear as políticas e posturas aduaneiras de seus países membros, sendo algumas delas. As mais importantes práticas promovidas pela organização estão elencadas na Figura 2.7, de acordo com Luz (2015).

Figura 2.7 – **Principais pautas de atuação da Organização Mundial das Aduanas**

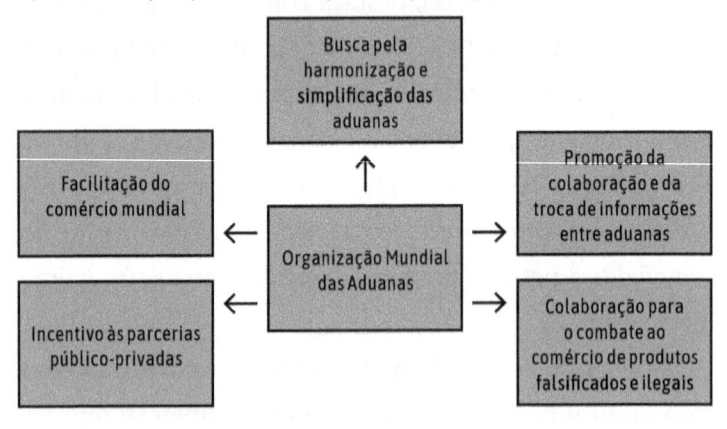

```
                    ┌──────────────────┐
                    │   Busca pela     │
                    │ harmonização e   │
                    │ simplificação das│
                    │     aduanas      │
                    └──────────────────┘
                             ↑
┌──────────────┐    ┌──────────────────┐    ┌──────────────────┐
│ Facilitação do│   │                  │    │   Promoção da    │
│comércio mundial│ ← │ Organização      │ → │ colaboração e da │
│              │   │ Mundial          │    │ troca de informações│
└──────────────┘    │ das Aduanas      │    │ entre aduanas    │
┌──────────────┐   │                  │    └──────────────────┘
│ Incentivo às │ ← │                  │ → ┌──────────────────┐
│ parcerias    │   └──────────────────┘    │ Colaboração para │
│público-privadas│                          │ o combate ao     │
└──────────────┘                           │ comércio de produtos│
                                           │ falsificados e ilegais│
                                           └──────────────────┘
```

Fonte: Elaborado com base em Luz, 2015.

Apesar de sua criação oficial remeter a 1952, as origens dos preceitos que acabaram por eclodir na fundação da OMA começaram em meados de 1947, com a criação do Comitê para Cooperação Econômica Europeia, um órgão formado por dezesseis países europeus e destinado a receber os recursos do Plano Marshall, os quais eram voltados para a reconstrução da Europa após a Segunda Guerra Mundial. Dentro desse comitê, surgiram o Comitê Aduaneiro e a Organização Europeia para a Cooperação Econômica, que, posteriormente, formaram a OMA.

Em síntese, a OMA dedica-se à formação contínua de um sistema mais simplificado e harmônico de relações entre as aduanas do mundo inteiro, por meio da edição de códigos e negociações internacionais, intentando eliminar possíveis divergências entre diferentes países e focando em decisões consensuais.

Oficialmente compete à OMA a definição internacional de padrões que garantam maior rapidez e segurança nas transações comerciais entre países-membros. Nesse sentido, a legislação interna de cada um desses países deve ser elaborada em conformidade com as determinações da organização.

Além disso, a OMA promove a cooperação entre as administrações aduaneiras de seus membros com base na *supply chain security* (segurança da cadeia de fornecedores). Essa cadeia de dados da organização funciona como uma importante base de dados internacionais que confere maior credibilidade para empresas e fornecedores que atuam de maneira legítima e dentro dos conformes legais. Esse dispositivo auxilia os países-membros a evitarem acordos com empresas que possam representar algum tipo de risco aduaneiro.

A OMA também se destaca pelo impacto positivo que exerce no combate às atividades ilícitas, como os tráficos internacionais de armas, drogas, pessoas e animais; a lavagem de dinheiro; e as ameaças sanitárias e ambientais. Nesse viés, Caparroz (2012, p. 303) destaca que "é necessária a modernização constante das administrações aduaneiras, de forma que a OMA promove constantes treinamentos com objetivos específicos".

A fim de contribuir para a modernização das administrações aduaneiras, a OMA:

> - fomenta a cooperação entre as administrações;
> - promove a troca de informações de inteligência;
> - disponibiliza instrumentos internacionais de controle aduaneiro;
> - oferece suporte para a colaboração entre administrações e órgãos reguladores de fronteiras;
> - estimula a organização de parcerias dentro da iniciativa privada;
> - promove espaços de discussão para que se tenha um melhor cumprimento das obrigações;
> - estimula iniciativas de competência compartilhada entre outras organizações, com foco na segurança e na facilitação comercial;
> - possibilita que os envolvidos tenham menos formalidades em suas transações, melhorando o fluxo comercial.

Outra importante função da OMA é a gestão de acordos e tratados internacionais que visam ampliar sua atuação. Nesse sentido, é válido destacar os seguintes acordos:

CONVENÇÃO INTERNACIONAL SOBRE A DESCRIÇÃO HARMONIZADA DE MERCADORIAS: Assinada em 1983 e começou [sic] a vigorar no Brasil apenas em 1988 através do Decreto nº 97.409/88. Esta convenção é utilizada para servir de base para a tributação aduaneira, bem como para a arrecadação de dados estatísticos relacionados ao comércio exterior;

CONVENÇÃO INTERNACIONAL SOBRE A SIMPLIFICAÇÃO E HARMONIZAÇÃO DOS REGIMES ADUANEIROS: Passa a ser adotada no ano de 1974, sendo revisada no ano de 1999. A partir desta convenção temos detalhes de importantes princípios que se relacionam com questões de:

a. transparência e previsibilidade dos controles aduaneiros;

b. uniformização e simplificação das declarações de bens e comprovantes;

c. procedimentos simplificados para pessoas autorizadas;

d. máxima utilização da tecnologia da informação;

e. gestão de riscos e controles de auditoria; e

f. intervenções coordenadas com outras agências de fronteira.

CONVENÇÃO DE ADMISSÃO TEMPORÁRIA: Firmada em 1990, possui como principal intuito promover a padronização de procedimentos aduaneiros especiais e que tangem os casos de bens de importação ou exportação que possuem isenção de tributos ou que possuem condições de suspensão relacionadas ao pagamento destes tributos como condição de resolver a devolução;

DECLARAÇÃO DE ARUSHA: Revisada no ano de 2003, fala sobre os princípios éticos responsáveis por reger as relações aduaneiras, objetivando a promoção da integridade das instituições e o combate à corrupção.

RESOLUÇÃO DE 2003: Cria e coloca em prática o padrão de Segurança e Facilitação do Comércio Global (SAFE) e responsável [sic] pelo controle de bens e fornecedores, prevendo medidas ligadas ao transporte, análise de mercadorias de alto risco e estímulo à colaboração as aduanas e empresas que, voluntariamente, adotam os padrões de segurança elegidos dentro da Resolução (*Authorized Economic Operators* – AEO). (Caparroz, 2012, p. 305, grifo do original)

2.3.1 *Principais comitês da Organização Mundial das Aduanas*

Assim como acontece na maioria das organizações internacionais, a OMA é uma entidade dividida em comitês que se tornam responsáveis pelo estudo e pela execução de atividades especiais focadas em pontos específicos. Isso especializa ainda mais o sistema, além de impulsionar a atuação da OMA nos países-membros.

Entre os comitês, cabe destacar a importância de alguns dos principais comitês e suas principais atribuições, principalmente por esse assunto ser comumente abordado em editais de concursos e provas que contemplem a disciplina de comércio exterior.

Comitê Técnico Permanente (CTP)

O Comitê Técnico Permanente (CTP) é registrado como o primeiro criado pela OMA e está intrinsecamente ligado ao Conselho Geral da entidade. Esse comitê conta com diversas funções, entre as quais se destacam sua responsabilidade na realização de estudos específicos que não são contemplados dentro das funções gerais de outros comitês e sua atuação no processo de simplificação dos procedimentos aduaneiros. Caparroz (2012, p. 305) destaca como funções básicas do CTP:

a. contribuir para a orientação estratégica do trabalho realizado pela OMA em matéria de promoção, desenvolvimento e administração de instrumentos de facilitação do comércio e ferramentas, em conformidade com o Plano Estratégico;

b. contribuir para reforçar a cooperação entre as administrações aduaneiras e organizações governamentais e não governamentais no campo da facilitação do comércio internacional;

c. introduzir e promover iniciativas destinadas a melhorar a eficácia das administrações aduaneiras por meio da tecnologia da informação e do comércio eletrônico, ações de cooperação aduaneira e desenvolvimento de instrumentos jurídicos;

d. desenvolver ferramentas destinadas a melhorar a eficiência no comércio (particularmente diretrizes para aferir o tempo de despacho aduaneiro das mercadorias) e promover a sua utilização pelos membros;

e. contribuir para o desenvolvimento de meios e métodos para facilitar, simplificar e harmonizar as formalidades aduaneiras aplicáveis às remessas postais;

f. prestar apoio estratégico para os programas de capacitação da OMA.

É válido também destacar que esse comitê tem ligações diretas com a Câmara Internacional do Comércio (CCI) e com a União Postal Universal (UPU).

Comitê de Imposição

Conhecido também como *Enforcement*, o Comitê de Imposição foi criado, em 1983, para atuar de forma conjunta com outros organismos internacionais contra crimes relacionados à má utilização do comércio internacional. Assim, esse comitê conta com parceiros como a Organização Internacional de Polícia Criminal (Interpol), a Agência Internacional Sobre Energia Atômica (AIEA) e escritórios específicos da Organização das Nações Unidas (ONU). Ainda na obra de Caparroz (2012, p. 306) encontramos elencados os objetivos principais do Comitê de Imposição:

> a. contribuir para a orientação estratégica do trabalho realizado pela OMA no controle de conformidade e de inteligência em áreas, como segurança, fraude comercial, assistência mútua administrativa, tráfico ilícito de drogas, lavagem de dinheiro, crimes eletrônicos, contrabando, crimes ambientais, crime organizado transnacional, armas de fogo e, quando aplicável, movimento transfronteiriço de pessoas e bens que afetem a saúde e a segurança;
> b. promover a troca de opiniões, experiências e boas práticas, bem como facilitar uma melhor cooperação entre as administrações aduaneiras, o setor privado, as organizações governamentais e não governamentais;

c. incrementar a eficácia das administrações aduaneiras mediante o uso de tecnologia, comunicação e instrumentos jurídicos;

d. promover medidas para aumentar a eficácia dos Escritórios Regionais de Ligação e Informação (*Regional Intelligence Liaison Offices* – RILO);

e. fornecer apoio estratégico aos programas de assistência técnica dos membros da OMA e às agências internacionais;

f. promover medidas para a orientação estratégica dos membros, no intuito de alcançar melhores resultados.

Comitê do Sistema Harmonizado (CSH)

Um dos mais importantes comitês da OMA é o Comitê do Sistema Harmonizado (CSH), uma vez que traz como sua principal responsabilidade a classificação das mercadorias a serem objeto de importação ou exportação no comércio internacional. Esse comitê exerce sua função desde 1988 e é ligado diretamente à OMC, à CCI e aos órgãos internacionais responsáveis pelo trato do meio ambiente. Caparroz (2012, p. 307) destaca suas principais atribuições:

a. interpretar os textos legais do Sistema Harmonizado da maneira mais adequada para garantir uma classificação uniforme de mercadorias, inclusive para a resolução de litígios de classificação entre os interessados, facilitando assim o comércio (função de interpretação e aplicação uniformes);

b. alterar os textos legais do Sistema Harmonizado, a fim de que possam refletir a evolução tecnológica e as mudanças nos padrões do comércio, bem como outras necessidades dos usuários intervenientes (função de atualização);

c. promover a aplicação generalizada do Sistema Harmonizado (função de divulgação);

d. examinar questões gerais e de natureza política relacionadas com o Sistema Harmonizado.

Por ter uma função de destaque dentro da OMA, é comum que o CSH realize reuniões regularmente em sessões ordinárias voltadas a tomar decisões acerca de normas e técnicas, além de auxiliar na interpretação das normas internacionais e na dissolução de conflitos.

Exemplificando

No ano de 2006, o CSH foi palco de uma disputa entre o Brasil e a União Europeia relacionada às taxas europeias sobre a exportações de frango salgado, que chegaram a aumentar de 15,4% para 70%. O Brasil venceu uma das votações do comitê ao alegar que a salga de seu produto estava relacionada com seu modo de preparo, e não com questões de armazenamento e conservação.

Para ler, na íntegra, esse caso, acesse o *link* a seguir:

MOREIRA, A. Brasil vence novo round da disputa do frango salgado. **Valor Econômico**, 4 out. 2007. Disponível em: <https://www2.senado.leg.br/bdsf/bitstream/handle/id/481718/noticia.htm?sequence=1&isAllowed=y>. Acesso em: 25 set. 2021.

Comitê de Valoração Aduaneira

Criado em 1995, após a Rodada Uruguai, na qual se fundou a OMC, como uma forma de executar o previsto no art. VIII do Acordo Geral sobre Tarifas e Comércio (*General Agreement on Tariffs and Trade* – Gatt), o Comitê de Valoração Aduaneira é composto por representantes da OMC e da OMA. Os países que não são signatários de ambas as organizações participam apenas como observadores de seus processos. Caparroz (2012, p. 308) destaca suas principais funções:

a. examinar problemas específicos surgidos na administração diária do sistema de valoração aduaneira dos membros da OMC e dar pareceres consultivos sobre as soluções adequadas, com base nos fatos apresentados;

b. verificar, mediante solicitação, leis, procedimentos e práticas que dizem respeito ao acordo, bem como elaborar relatórios sobre os resultados destes estudos;

c. preparar e distribuir relatórios anuais sobre os aspectos técnicos do funcionamento e da situação do acordo;

d. fornecer informações e pareceres sobre questões relativas ao valor das mercadorias importadas para fins aduaneiros que possam ser solicitados por qualquer membro da OMC;

e. facilitar, a pedido, a assistência técnica aos membros da OMC com vistas a promover a aceitação internacional do acordo;

f. examinar questões técnicas oriundas de painéis para a solução de controvérsias.

Comitê de Regras e Origem (CRO)

As principais responsabilidades do Comitê de Regras e Origem (CRO) também são listadas por Caparroz (2012, p. 309):

   a. examinar problemas técnicos relativos à aplicação do acordo sobre Regras de Origem e emitir pareceres consultivos sobre as soluções adequadas;
   b. elaborar relatórios periódicos e efetuar a revisão técnica anual do acordo, inclusive com a sugestão de alterações no texto;
   c. prestar informações e pareceres sobre a matéria para os membros ou outros organismos correlatos, além de submeter ao Conselho da OMA relatório das atividades.

O CRO foi criado também em 1995, por meio de um acordo entre a OMC e a OMA. Trata-se de um órgão que atua como observador em reuniões de outras entidades internacionais e segue os moldes estabelecidos pelo Comitê de Valoração Aduaneira.

Exercício resolvido

Conforme o exposto neste capítulo, assinale a alternativa que apresenta corretamente a relação entre um comitê da Organização Mundial das Aduanas e suas funções:

a) O Comitê Técnico Permanente (CTP) tem como sua principal responsabilidade a classificação das mercadorias a serem objeto de importação ou exportação no comércio internacional.

b) O Comitê do Sistema Harmonizado (CSH) responsabiliza-se pela realização de estudos específicos que não são contemplados dentro das funções gerais de outros comitês.

c) O Comitê de Imposição atua de forma conjunta com outros organismos internacionais contra crimes relacionados à má utilização do comércio internacional.

d) O Comitê de Valoração Aduaneira atua como observador em reuniões de outras entidades internacionais examinando problemas técnicos na valoração de produtos e serviços.

Gabarito: c

Feedback do exercício: O Comitê de Imposição, ou *Enforcement*, foi mesmo criado para atuar de forma conjunta com outros organismos internacionais contra crimes relacionados à má utilização do comércio internacional. As funções dos outros Comitês apresentados estão embaralhadas, tornando as demais alternativas falsas.

Síntese

› A Receita Federal do Brasil (RFB) é um importante órgão de controle nacional diretamente vinculado ao Governo Federal. Exerce sua autoridade dentro das unidades de portos e aeroportos nacionais, além de também estar presente nas fronteiras alfandegárias.

› No Brasil, a atuação da RFB no controle alfandegário baseia-se nos arts. 13 e 13-A do Decreto n. 6.759/2009, responsável por regulamentar a administração e a fiscalização das atividades aduaneiras.

› No que tange às arrecadações tributárias realizadas pela RFB, destacamos seu importante papel na proteção da economia e do mercado brasileiro, visto que atua como agente de fiscalização contra quaisquer negociações do comércio exterior que venham a ser prejudiciais ao país.
› O poder e a influência da RFB são, reconhecidamente, exercidos dentro de todo o território brasileiro. Segundo Caparroz (2012), é necessário salientar que, para fins de legislação aduaneira, esse território se divide em duas partes: zonas primárias e zonas secundárias.
› A RFB é composta de unidades centrais e descentralizadas que estão espalhadas por todo o país, com 8,5 milhões km² sob sua inspeção.
› Assim como todos os demais órgãos que compõem a estrutura do nosso país, a aduana também necessita de regras e normas que regulamentem sua atuação e seu funcionamento.
› A legislação aduaneira abrange toda e qualquer norma relacionada ao controle e à fiscalização de mercadorias provenientes de importação ou destinadas à exportação.
› Quando tratamos dos valores aduaneiros, é necessário destacar a atuação do Comitê de Valoração Aduaneira – um órgão da Organização Mundial do Comércio (OMC) – e do Comitê Técnico de Valoração Aduaneira – que faz parte da Organização Mundial das Aduanas (OMA) –, os quais criam normas específicas de valoração para as mercadorias e fiscalizam o pagamento das taxas aduaneiras.
› A OMA é um órgão internacional intergovernamental, independente e formado por 177 administrações aduaneiras (Caparroz, 2012).

3

Proteção das instalações portuárias e aeroportuárias

Conteúdos do capítulo:

> Proteção das instalações portuárias e aeroportuárias.
> International Ship and Port Facility Security Code (ISPS-Code – Código ISPS).
> Estruturas e bens que devem ser protegidos.
> Identificação de possíveis ameaças.
> Contramedidas de segurança e identificação de vulnerabilidades.

Após o estudo deste capítulo, você será capaz de:

1. detalhar a legislação pertinente ao combate dos riscos portuários e aeroportuários;
2. relacionar as siglas, os termos e as definições para a realização de um planejamento de combate a ameaças.

Estima-se que mais de 80% das exportações brasileiras são realizadas por vias marítimas. Todavia, conforme sinalizamos, em razão do desenvolvimento econômico e da evolução da indústria do turismo, o transporte aéreo cresceu substancialmente nos últimos anos.

Com a importância desses modais, análises logísticas e comerciais competentes não podem, jamais, abrir mão da investigação dos riscos específicos de cada um e do estudo sistemático de medidas de segurança.

Por conta disso, neste capítulo, abordaremos as principais medidas de segurança dedicadas ao combate dos riscos que incidem sobre as instalações portuárias e aeroportuárias.

3.1 Avaliação de riscos em instalações portuárias

O dia 11 de setembro de 2001 representa uma data trágica para a humanidade. Após o atentado ao World Trade Center, nos Estados Unidos, a 22ª Sessão da Assembleia da Organização Marítima Internacional (IMO), ligada à Organização das Nações Unidas (ONU), concordou em desenvolver medidas de proteção a navios e instalações portuárias.

Assim, surgiu o *International Ship and Port Facility Security Code* (ISPS-Code – Código ISPS) – no caso Brasil, aprovado em forma de lei –, um código internacional que visa à segurança e à proteção de navios e instalações portuárias. Diz-se, portanto, que o objetivo desse código é estabelecer uma estrutura internacional, definindo papéis e responsabilidades, a fim de garantir a proteção marítima e inviabilizar, o quanto for possível, qualquer tentativa de ataque terrorista.

Nesses moldes, é preciso ter atenção ao planejamento de segurança portuária e adotar o Código ISPS nos portos. Especificamente, podemos observar que cada instalação portuária adota o seu método. Por exemplo, no caso da Companhia Docas do Pará (CDP) – Autoridade Portuária, os níveis de proteção são estabelecidos pela Comissão Estadual de Segurança Pública nos Portos, Terminais e Vias Navegáveis do Pará (Cesportos/PA) e informados aos usuários por meio de sinais sonoros, conforme esquematizado na Figura 3.1.

Figura 3.1 – **Sinais sonoros**

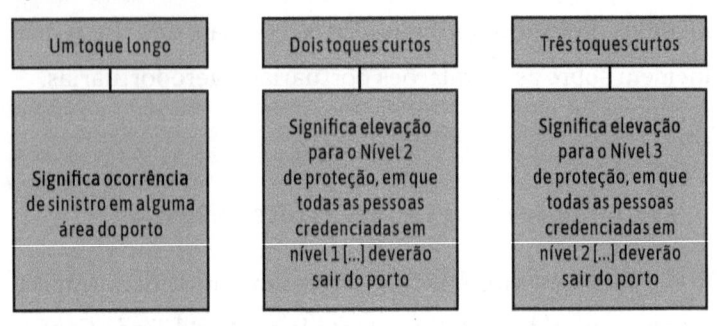

Um toque longo	Dois toques curtos	Três toques curtos
Significa ocorrência de sinistro em alguma área do porto	Significa elevação para o Nível 2 de proteção, em que todas as pessoas credenciadas em nível 1 [...] deverão sair do porto	Significa elevação para o Nível 3 de proteção, em que todas as pessoas credenciadas em nível 2 [...] deverão sair do porto

Fonte: Elaborado com base em CDP, 2021.

De mais a mais, recomenda-se o planejamento de segurança portuária, em conformidade com as orientações do Código ISPS:

› **As diretrizes de proteção de instalações portuárias,** estabelecidas pelo governo, devem ser aplicadas de modo a causar o mínimo de atraso ou interferência aos passageiros.
› **Na avaliação da proteção das instalações portuárias**, identifica-se toda a infraestrutura que deve ser protegida e avaliam-se possíveis ameaças e suas probabilidades de ocorrência.
› **Desenvolve-se um plano de proteção das instalações portuárias** para cada navio/porto.
› **Designa-se um funcionário de proteção das instalações portuárias**.
› São realizados constantemente **treinamentos, simulações e exercícios sobre proteção das instalações portuárias**.

Importa esclarecer que esse planejamento é fundamental porque, no transporte marítimo, há uma série de ameaças: roubos, contrabando, tráfico de pessoas, terrorismo, piratarias, entre outros.

De acordo com a Rede de Bibliotecas Integradas da Marinha – Rede BIM (2021, p. 15-16),

> O Código ISPS representa a junção de anos de trabalho intenso do Comitê de Segurança Marítima (MSC) da IMO e seu grupo de proteção marítima para criarem e revisarem medidas e procedimentos de proteção para prevenir atos de terrorismo, que ameaçavam a segurança de passageiros, tripulações e de navios, em novembro de 2001.

Assim, o objetivo do código é suprir portos, governos e embarcações com proteção jurídica para obrigar o cumprimento e a proteção a bordo dos navios. Intenta, essencialmente, que as tripulações consigam identificar, impedir ou diminuir ameaças à proteção, por meio de planejamento, preparo e coordenação.

Ainda sobre o código ISPS, seus objetivos são os seguintes:

- Estabelecer uma estrutura internacional envolvendo a cooperação entre Governos Signatários, agências governamentais, administrações locais e as empresas dos setores portuários e de navegação, a fim de detectar ameaças à proteção e tomar medidas preventivas contra incidentes de proteção que afetam navios ou instalações portuárias utilizadas no comércio internacional;
- Estabelecer os papéis e as responsabilidades de cada Governo Signatário, agências governamentais, administrações locais e as empresas dos setores portuários e de navegação, a nível nacional e internacional, com intuito de assegurar a proteção marítima;

- Garantir a coleta rápida e eficiente e a troca de informações relacionadas à proteção marítima;
- Prover uma metodologia para avaliação de questões relacionadas à segurança para se ter disposto planos e procedimentos para se reagir a mudança nos níveis de proteção; e
- Garantir que medidas adequadas e proporcionais de proteção sejam tomadas. (Rede BIM, 2021, p. 19)

A característica fundamental do código é a confidencialidade. Sua entrada em vigor no ordenamento jurídico brasileiro ocorreu, inicialmente, em 1º de julho de 2004 e efetivou-se em 31 de julho de 2008.

A regra determina que os portos devem aplicar as determinações de acordo com as seguintes categorias de embarcação:

- Navios de passageiros, incluindo embarcações de alta velocidade;
- Navios de quaisquer tipos, incluindo embarcações de alta velocidade, de 500 ou mais toneladas de arqueação bruta; e
- Unidades móveis de perfuração (plataformas em alto mar). (Rede BIM, 2021, p. 20)

Assim, tornou-se obrigatória, também, a aquisição de navios com equipamentos que obedeçam aos requisitos técnicos estabelecidos pela IMO, com meios para identificação das embarcações. São esses equipamentos:

› **Sistemas automáticos de identificação** (AIS – *Automatic Identification System*): Equipamento para identificação, por meio da frequência VHF, de informações sobre embarcações nas proximidades. "Qualquer navio cujo sinal não esteja sendo captado pelo equipamento pode ser considerado um perigo em potencial" (Rede BIM, 2021, p. 21). Determina-se, portanto, que o aparelho não seja desligado com vistas à proteção dos navios.

> **Número de identificação da IMO**: Composto por sete dígitos, deve, obrigatoriamente, ser posicionado em local visível ou nas superestruturas das embarcações Solas[a]. "Nos navios de passageiros, a marcação do número deve ser feita também na horizontal para permitir a visualização aérea" (Rede BIM, 2021, p. 24). Esse número é totalmente diferente do número oficial do navio.

> **Registros contínuos de dados e atividades ligadas à proteção**: Objetiva o fornecimento de um registro cronológico do navio. É necessário que o histórico compreenda, sempre atualizados, o nome do navio, a data de registro, o país de registro, os nomes e endereços de seus proprietários e o porto onde foi registrado.

> Além deste documento, o ISPS exige que sejam registradas todas as atividades de proteção incluídas no Plano de Proteção do Navio [...] que deverão ser mantidos a bordo durante pelo menos o período mínimo determinado pela Administração.

Estes registros compreendem, mas não se limitam a:

- formação/treinamentos, simulações e exercícios;
- ameaças de proteção e incidentes de proteção;

---

[a] Segundo a Rede BIM (2021, p. 24), são "embarcações mercantes empregadas em viagens internacionais ou empregadas no tráfego marítimo mercantil entre portos brasileiros, ilhas oceânicas, terminais e plataformas marítimas", com algumas exceções.

- violações de proteção;
- alterações no nível de proteção;
- comunicações relativas diretamente à proteção do navio, tais como ameaças específicas ao navio ou às instalações portuárias nas quais o navio esteja ou tenha estado (portos de escala);
- identificação de pessoas que acessam a embarcação, passageiros e tripulantes;
- auditorias internas e revisões das atividades de proteção;
- revisão periódica da avaliação de proteção do navio;
- revisão periódica do plano de proteção do navio;
- implementação de quaisquer emendas ao plano;
- manutenção, calibração e teste de qualquer equipamento de proteção instalado a bordo, incluindo testes do sistema de alarme de proteção do navio. (Rede BIM, 2021, p. 26)

› **Sistema de alarme de proteção do navio (SSAS)**: permite enviar sinal de emergência para os portos.

> **Para saber mais**
>
> Como forma de contribuir para a sociedade, os sites dos governos (domínio.gov), a depender do Estado, abordam a proteção dos navios. É o caso do link "Proteção dos navios e das instalações portuárias (ISPS)", da Direção-Geral de Recursos Naturais, Segurança e Serviços Marítimos de Portugal.
>
> DGRM – Direção-Geral de Recursos Naturais, Segurança e Serviços Marítimos. **Proteção dos navios e das instalações portuárias (ISPS)**. Disponível em: <https://www.dgrm.mm.gov.pt/am-cp-protecao-das-instalacoes-portuarias-e-dos-portos>. Acesso em: 13 ago. 2021.

Nesse sentido, é preciso conformidade no planejamento com os requisitos e as diretrizes do Código ISPS. Além disso, deve-se realizar uma avaliação de riscos com a finalidade de identificar evidências de ataques iminentes. O item 1.17 da parte B do Código ISPS dispõe:

> A Avaliação de Proteção das Instalações Portuárias é fundamentalmente uma análise de riscos de todos os aspectos de operação de uma instalação portuária a fim de determinar quais partes dela são mais suscetíveis, e/ou mais prováveis de sofrer um ataque. O risco de proteção é uma função da ameaça de um ataque, juntamente com a vulnerabilidade do alvo e as consequências de um ataque. (IMO, 2002, p. 36)

Desse modo, observa-se que o código acrescentou a vulnerabilidade como análise necessária à avaliação de riscos, para além das tradicionais probabilidade e consequência. "Para se identificar a **evidência de conformidade**, esses três ingredientes (probabilidade, consequência e vulnerabilidade) devem fazer parte desse processo" (Scarpelli, 2021, p. 4, grifo do original).

Além disso, de acordo com o item 15.5 da parte A do Código ISPS, é preciso seguir as seguintes diretrizes:

1. identificação e avaliação de bens móveis e infraestrutura relevantes, os quais é importante proteger;
2. identificação de possíveis ameaças a bens móveis e infraestrutura e a probabilidade de sua ocorrência, a fim de estabelecer e priorizar medidas de proteção;

3. identificação, seleção e priorização de contramedidas e alterações nos procedimentos e seu nível de eficácia quanto à redução de vulnerabilidade; e
4. identificação de fraquezas, incluindo fatores humanos, na infraestrutura, planos de ação e procedimentos. (IMO, 2002, p. 17)

Ademais, é preciso esclarecer, ainda, que, no Brasil, o Código ISPS se divide em Marinha do Brasil, responsável por sua implantação e por sua adaptação aos navios e plataformas móveis, e Comissão Nacional de Segurança Pública nos Portos, Terminais e Vias Navegáveis (Conportos), encarregada da implantação do regramento nas instalações portuárias.

Nesse caminho, Albuquerque e Andrade (2019, p. 101) explicam que: "Além de regulamentar a implementação do *ISPS Code*, a CONPORTOS tem por objetivo elaborar e implementar o sistema de prevenção e repressão a atos ilícitos nos Portos, Terminais e Vias Navegáveis, por meio de Resoluções e Deliberações".

Nesse cenário, surgiu o Plano de Segurança Pública Portuária (PSP), voltado para o aperfeiçoamento dos sistemas de segurança dos portos, terminais e vias navegáveis. Suas ações baseiam-se na análise de riscos com ênfase em segurança portuária (Aresp), que "possibilita a seleção de medidas de segurança adequadas que permitam [sic], ao mesmo tempo, que a instalação portuária não seja imobilizada a tal ponto de tornar-se operacionalmente lenta e ineficaz" (Albuquerque; Andrade, 2019, p. 102).

Diz-se que, para uma efetiva instalação portuária, é necessário um estudo de avaliação de riscos (Figura 3.2). "Após a sua aprovação, elabora-se um Plano de Segurança Portuária, submetido à CESPORTOS para aprovação" (Albuquerque; Andrade, 2019, p. 103).

Figura 3.2 – Análise de riscos

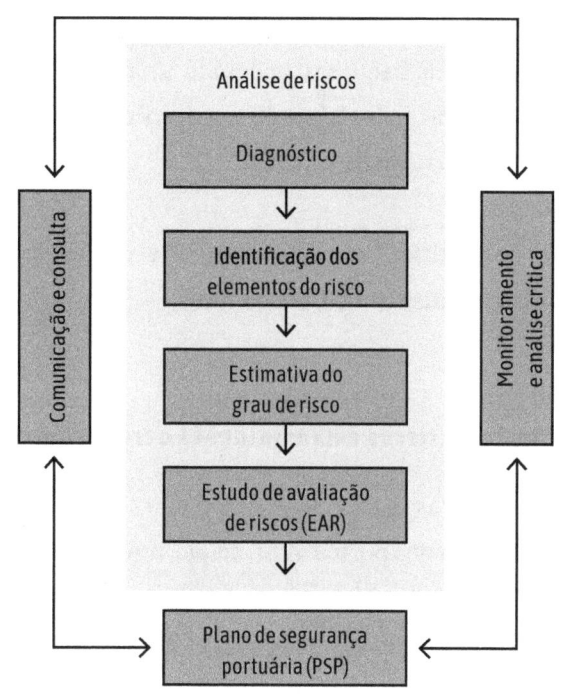

```
                    Análise de riscos
                    ┌─────────────┐
                    │ Diagnóstico │
                    └─────────────┘
                           ↓
              ┌──────────────────────┐
              │ Identificação dos    │
              │ elementos do risco   │
              └──────────────────────┘
                           ↓
              ┌──────────────────────┐
              │ Estimativa do        │
              │ grau de risco        │
              └──────────────────────┘
                           ↓
              ┌──────────────────────┐
              │ Estudo de avaliação  │
              │ de riscos (EAR)      │
              └──────────────────────┘
                           ↓
              ┌──────────────────────┐
              │ Plano de segurança   │
              │ portuária (PSP)      │
              └──────────────────────┘
```

(Comunicação e consulta ← → Monitoramento e análise crítica)

Fonte: Albuquerque; Andrade, 2019, p. 104.

Uma boa Aresp mitiga as ameaças e serve de base para ações preventivas a serem incluídas no plano de segurança portuária.

Exercício resolvido

Assinale a alternativa que **não** apresenta uma diretriz do Código ISPS:

a) Identificação e avaliação de bens móveis e infraestruturas relevantes.
b) Identificação, seleção e priorização de contramedidas e alterações nos procedimentos e seu nível de eficácia quanto à redução de vulnerabilidade.
c) Identificação de fraquezas, incluindo fatores humanos, de infraestrutura, planos de ação e procedimentos.
d) Alterações no nível de proteção.

Gabarito: d

Feedback do exercício: As alterações no nível de proteção são, na verdade, requisitos do Código ISPS.

3.2 Avaliação de riscos em instalações aeroportuárias

Para aeroportos, as regras de proteção não se diferem muito do que se verifica nos portos. A princípio, a Agência Nacional de Aviação Civil (Anac) tem as competências e prerrogativas para adoção das medidas necessárias para o atendimento do interesse público e para o desenvolvimento e fomento da aviação civil, da infraestrutura aeronáutica e aeroportuária do país, conforme o art. 8º da Lei n. 11.182, de 27 de setembro de 2005 (Brasil, 2005). Trata-se, portanto, da autoridade de regulamentação e fiscalização da aviação.

No sistema brasileiro, o Departamento de Controle do Espaço Aéreo (Decea) tem como finalidade a direção, o planejamento, a coordenação e a fiscalização das atividades de controle do espaço aéreo outorgadas pelo Comandante da Aeronáutica (CMTAER). Já o Comando-Geral de Operações Aéreas (Comgar) encarrega-se do planejamento, da normatização, da coordenação, do controle e da fiscalização das ações de segurança e defesa.

Os "Procedimentos para os órgãos do Comaer referentes à segurança da aviação civil contra atos de interferência ilícita" do Comando da Aeronáutica, aprovados pela Portaria n. 128/GC3, de 4 de março de 2011, determinam:

> 2.3.1 As ações de resposta deverão considerar o princípio básico de garantir a segurança dos passageiros, tripulação, pessoal de solo e público em geral, bem como a manutenção, em função do risco, da normalidade das operações aeroportuárias.
>
> 2.3.2 O comando das ações de resposta a atos de interferência ilícita contra aeronaves deve ser assumido:
>
> a. pelo COMAER, quando a aeronave estiver em voo, após a decolagem até o seu pouso, ou até que a mesma deixe o espaço aéreo brasileiro
>
> b. pela administração aeroportuária, a partir do pouso da aeronave, até que seja formado o Grupo de Decisão;
>
> c. pelo Grupo de Decisão, coordenado pelo Departamento de Polícia Federal (DPF), a partir da sua constituição; e
>
> d. pelo Grupo Tático, quando definida a retomada da aeronave, mediante deliberação do Grupo de Decisão. (Brasil, 2011b, p. 11)

Ato contínuo, o Decreto n. 7.168, de 5 de maio de 2010 (Brasil, 2010), dispõe sobre o Programa Nacional de Segurança da Aviação Civil Contra Atos de Interferência Ilícita (PNAVSEC), cujas finalidades são previstas no anexo do texto legal. Nesse caminho, aduz o art. 2º do programa:

Art. 2º O PNAVSEC tem como objetivo disciplinar a aplicação de medidas de segurança destinadas a garantir a integridade de passageiros, tripulantes, pessoal de terra, público em geral, aeronaves e instalações de aeroportos brasileiros, a fim de proteger as operações da aviação civil contra atos de interferência ilícita cometidos no solo ou em voo. (Brasil, 2010)

Outrossim, o texto do PNAVSEC necessita que sejam observadas as seguintes siglas e abreviaturas:

Art. 3º [...]

I – AAM – Ameaça Âmbar (Não Específica);

II – AAR – Assessoria de Avaliação de Risco;

III – ANAC – Agência Nacional de Aviação Civil;

IV – ANVISA – Agência Nacional de Vigilância Sanitária;

V – APAC – Agente de Proteção da Aviação Civil;

VI – ARS – Área Restrita de Segurança;

VII – ATC – Controle de Tráfego Aéreo;

VIII – ATIV – Autorização de Trânsito Interno de Veículos;

IX – AVD – Ameaça Verde (Falsa);

X – AVM – Ameaça Vermelha (Específica);

XI – AVSEC – Segurança da Aviação Civil Contra Atos de Interferência Ilícita;

XII – CBA – Código Brasileiro de Aeronáutica;

XIII – CMES – Centro de Monitoramento Eletrônico de Segurança;

XIV – COE – Centro de Operações de Emergência;

XV – COMAER – Comando da Aeronáutica;

XVI – CONSAC – Comissão Nacional de Segurança da Aviação Civil;

XVII – CSA – Comissão de Segurança Aeroportuária;

XVIII – DECEA – Departamento de Controle do Espaço Aéreo;

XIX – DSAC – Documento de Segurança da Aviação Civil;

XX – ESAB – Exercício Simulado de Ameaça de Bomba;

XXI – ESAIA – Exercício Simulado de Apoderamento Ilícito de Aeronaves;

XXII – ETD – Detector de Traços Explosivos;

XXIII – IPA – Indicação Positiva de Alvo;

XXIV – MANPAD – Man Portable Air-Defense System (Sistema Antiaéreo Portátil);

XXV – MRE – Ministério das Relações Exteriores;

XXVI – OACI – Organização de Aviação Civil Internacional;

XXVII – PCQAVSEC-AA – Programa de Qualidade de Segurança da Aviação Civil contra Atos de Interferência Ilícita da Administração Aeroportuária;

XXVIII – PF – Polícia Federal;

XXIX – PIAVSEC – Plano de Instrução de Segurança da Aviação Civil contra Atos de Interferência Ilícita;

XXX – PNAVSEC – Programa Nacional de Segurança da Aviação Civil contra Atos de Interferência Ilícita;

XXXI – PNCAVSEC – Plano Nacional de Contingência de Segurança da Aviação Civil contra Atos de Interferência Ilícita;

XXXII – PNCQ/AVSEC – Programa Nacional de Controle de Qualidade de Segurança da Aviação Civil contra Atos de Interferência Ilícita;

XXXIII – PNIAVSEC – Programa Nacional de Instrução de Segurança da Aviação Civil contra Atos de Interferência Ilícita;

XXXIV – POC – Ponto de Contato com a OACI;

XXXV – PSA – Programa de Segurança Aeroportuária;

XXXVI – PSACA – Programa de Segurança de Agente de Carga Aérea;

XXXVII – PSEA – Programa de Segurança de Empresa Aérea;

XXXVIII – PSESCA – Plano de Segurança de Empresa de Serviços Auxiliares ou Concessionários;

XXXIX – QBRN – Químico, Biológico, Radiológico e Nuclear;

XL – RFB – Secretaria da Receita Federal do Brasil;

XLI – RX – Raios-X;

XLII – SINARM – Sistema Nacional de Armas;

XLIII – SISBIN – Sistema Brasileiro de Inteligência;

XLIV – SISCEAB – Sistema de Controle do Espaço Aéreo Brasileiro;

XLV – SRI – Superintendência de Relações Internacionais; e

XLVI – VIGIAGRO – Vigilância Agropecuária Internacional. (Brasil, 2010)

Entre outras denominações, o Decreto n. 7.168/2010 inclui planos e programas, com vistas a garantir a integridade dos passageiros, dos tripulantes e do público em geral.

O art. 5º do decreto em questão indica que o PNAVSEC é editado em conformidade com as diretrizes e regras estipuladas nos seguintes atos internacionais:

I – as Convenções de Chicago (1944), de Tóquio (1963), de Haia (1970) e de Montreal (1971 e 1999), bem como o Protocolo Complementar à Convenção de Montreal (1988), instrumentos internacionais que estabelecem, entre outros temas, normas relacionadas a ofensas sofridas por aeronaves, aeroportos e demais instalações aeronáuticas;

II – a Convenção de Montreal sobre Marcação de Explosivos, com o Propósito de Detecção (1991), na qual ficou acordada a proibição e restrição da fabricação e do transporte de explosivos plásticos não marcados, bem como a destruição desses estoques, visando a facilitar a detecção de tais explosivos;

III – o Anexo 9 à Convenção de Chicago (1944), documento internacional que estabelece normas e procedimentos de facilitação do transporte aéreo;

IV – o Anexo 17 à Convenção de Chicago (1944), documento que estabelece normas e métodos recomendados em relação à segurança e proteção da aviação civil internacional contra atos de interferência ilícita;

V – o Anexo 18 à Convenção de Chicago (1944), documento que estabelece normas e métodos recomendados em relação ao transporte com segurança de mercadorias perigosas por via aérea;

VI – o Documento 8973 - Manual de Segurança para Proteção da Aviação Civil contra Atos de Interferência Ilícita, elaborado pela OACI; e

VII – o Documento 9807 - Manual de Referência para Auditoria de Segurança da Aviação Civil, elaborado pela OACI.

Além disso, salientamos que os manuais produzidos pela Anac fornecem termos, definições, aplicabilidade e classificações como forma de regulamentar os textos em termos dos aeródromos civis públicos brasileiros. Nesse caminho, enfatizamos que "A classe do aeródromo é definida em função do número de passageiros processados, considerando a média aritmética de passageiros processados no período de referência" (Anac, 2016, p. 11).

O **Sistema de Gerenciamento da Segurança Operacional** (SGSO) abarca todas as atividades de manutenção em aeroportos para que sejam realizadas conforme os critérios do Regulamento Brasileiro da Aviação Civil (RBAC) n. 145. Assim, observa-se a importância de um plano eficaz, uma vez que este determina a estrutura da organização, auxiliando na compreensão dos perigos e riscos que podem afetar a segurança de um aeroporto e evitando possíveis impactos ambientais, materiais ou consequente dano à imagem da organização.

De acordo com o *site* da Verde Ghaia, para montar um SGSO eficaz, alguns passos devem ser seguidos:

- Reporte de Eventos de Segurança Operacional (ESO): diz respeito à aquisição de dados e informações relacionados à segurança operacional.
- Identificação de Perigos: é o conjunto de atividades voltadas à identificação de todos os perigos relacionados à organização.
- Gerenciamento de Riscos: já conhecido em todas as empresas que adotam um sistema de gestão. Aqui ele abordará também elementos específicos do sistema aeroviário.
- Medição de Desempenho: adoção de ferramentas gerenciais para avaliar se os objetivos da gestão de segurança operacional estão sendo atingidos. Lembrando que o meio aeroviário é extremamente rígido nesse sentido.
- Garantia da Segurança Operacional: conjunto de atividades voltadas à padronização da prestação do serviço conforme critérios de desempenho já estabelecidos. (Por que..., 2019)

Ademais, é possível encontrar, também, manuais que tratam dos procedimentos para os órgãos do Comando da Aeronáutica (Comaer) referentes à segurança da aviação civil contra atos de interferência ilícita. Nesse escopo, está a já citada Portaria n. 128/GC3, de 2011 (Brasil, 2011b), que aprova os "Procedimentos para os órgãos do Comaer referentes à segurança da aviação civil contra atos de interferência ilícita", a serem aplicados em todas as organizações aeronáuticas militares do Comaer.

Sobre a segurança dos aeroportos e aeronaves civis, os procedimentos do Comaer determinam, em seu item 2.3.6.1: "A segurança dos aeroportos e aeronaves civis é proporcionada por uma ação coordenada entre os Órgãos de Segurança Pública (OSP), a administração aeroportuária, as empresas aéreas, os agentes de carga aérea, as empresas de serviços auxiliares e as concessionárias" (Brasil, 2011b, p. 12).

No que tange ao gerenciamento de crises, o item 2.3.6.5 estabelece:

> 2.3.6.5 A estrutura formal para o gerenciamento de crises no solo, relacionadas à Secretaria de Aviação Civil (SAC), é composta pelos seguintes grupos:
>
> a. de Decisão – dirige, coordena e supervisiona as ações de gerenciamento de crise, sendo composto por representantes da Autoridade de Aviação Civil, da Autoridade Aeronáutica Militar (representante do COMAR ou outro designado pelo CMTAER), da administração aeroportuária, da empresa aérea envolvida, de outros órgãos e instituições julgados necessários e do DPF, que coordenará o grupo;

b. Operacional – fornece os subsídios básicos para as decisões e para as ações táticas operacionais, sendo composto por representantes da empresa aérea envolvida, da administração aeroportuária, da ANAC, do COMAER (representante do COMAR ou especialistas julgados necessários), da Polícia Civil, da Polícia Militar, de outros órgãos e instituições julgados necessários e do DPF, que coordenará o grupo;

c. de Negociadores – realiza o diálogo direto com os executantes do ato de interferência ilícita contra a aviação civil, sendo porta-voz entre estes e o Grupo de Decisão e constituído pelo DPF (o DPF poderá ser, subsidiariamente, auxiliado por outras forças de segurança na constituição do Grupo de Negociadores);

d. Tático – executa as ações táticas, corretivas e repressivas, sendo constituído pelo DPF (o DPF poderá ser, subsidiariamente, auxiliado por outras forças de segurança na constituição do Grupo Tático); e

e. de Apoio – proporciona o suporte logístico e administrativo às atividades gerenciadas pelo COE, inclusive o trato com a imprensa e o apoio aos familiares, sendo composto pela administração aeroportuária. (Brasil, 2011b, p. 12-13)

Ressaltamos, ainda, que o operador do aeródromo responsabiliza-se: pela segurança operacional do ambiente aeroportuário, nos casos em que a área é compartilhada; pela continuidade das operações; pela coordenação e pelo treinamento de pessoal próprio; e pela prevenção de qualquer fato que demonstre risco à segurança.

3.3 Contramedidas de segurança e identificação de vulnerabilidades nos portos

É de suma importância, no momento de preparação do projeto de planejamento, considerar as obras marítimas e acostáveis, bem como as ações que os navios e embarcações podem exercer sobre a natureza. "Estas ações caracterizam-se basicamente pelos **esforços que os navios transmitem às obras durante as manobras de atracação e os esforços de fixação dos mesmos [sic]**" (Batista, 2019, p. 12, grifo do original).

Batista (2019, p. 12, grifo do original) explica também que:

> Sob o primeiro aspecto, deve-se considerar o impacto que os navios exercem contra as obras de acostagem com a consequente transmissão da energia cinética do navio à obra e sua transformação em energia de deformação das estruturas e das defesas.
>
> Quanto ao segundo aspecto, ou seja, os esforços de fixação dos navios as obras de acostagem, deve-se levar em consideração a **ação dos ventos, ondas e correntes marítimas** sobre os mesmos [sic].

Nesses moldes, pouco a pouco percebe-se grandes avanços na modernização das embarcações e dos portos. "Quando a vida econômica se torna mais diversificada, o porto torna-se lugar não somente de indústrias, como pesca, construção e reparo de navios, mas também de outras atividades comerciais" (Almeida, 2011, p. 3).

Assim, com a reorganização e a adaptação do transporte marítimo, de acordo a evolução e a demanda, alterou-se também a tipologia de navios, a tecnologia de movimentação de cargas e a estrutura portuária, cenário totalmente adverso aos tempos da Segunda Guerra Mundial, em que os navios passavam muito tempo atracados porque as cargas demoravam a ser embarcadas ou desembarcadas.

A mudança ocorreu quando os portos passaram a integrar a logística de transporte. Almeida (2011, p. 4-5) explica:

> Muitas vezes o que se percebe hoje é que as atividades portuárias relacionam-se muito mais com atividades logísticas localizadas fora da cidade do que com a própria cidade. Sendo assim, o porto, área alfandegada, operacional e agora logística não se relaciona diretamente com o local onde está instalado. Informações avançadas e tecnologias de comunicação são centrais para este novo papel: a logística faz parte da chamada "new economy".

Nesse sentido, observa-se a importância das atividades portuárias, bem como sua relevância para as demandas urbanas, sociais e culturais. No Brasil, o atual sistema portuário é composto por nove Companhias Docas (oito públicas e uma privada), quatro concessões estaduais e quatro portos privados, distribuídos ao longo da costa do país.

Por essa importância, ao considerar a avaliação de riscos, é fundamental que todos os aspectos de operação de uma instalação portuária sejam considerados, conforme o item 1.17 da parte B do Código ISPS (IMO, 2002).

Albuquerque e Andrade (2019, p. 105) explicam que

> Além das diretrizes elencadas pelo *ISPS Code*, é preciso considerar o rol de procedimentos a serem observados nos estudos de avaliação de risco das instalações portuárias

definidos em Resoluções da CONPORTOS. Trata-se de procedimentos imperativos para a aprovação dos estudos de avaliação de risco.

Técnicas, como o uso de *checklists*, contribuem para consolidar e manter a estrutura, a política, a cultura organizacional, os princípios e as diretrizes institucionais dos terminais.

Quanto à análise dos ativos, Albuquerque e Andrade (2019, p. 107) comentam:

> Ativo deve ser entendido como todo bem que tenha valor para o terminal portuário e pode ser um bem tangível ou intangível. Conforme mencionado, a CONPORTOS irá elencar os Ativos que deverão, necessariamente, compor qualquer Estudo de Avaliação de Riscos.

Desse modo, é ideal escolher e avaliar o ativo para determinar as consequências de eventos negativos, até mesmo para evitá-los, priorizando, portanto, ações corretivas.

Existem, ainda, as ameaças à segurança portuária, que podem ser classificadas qualitativa e quantitativamente. "Em segurança portuária, contudo, aconselha-se que a análise da Ameaça seja feita utilizando-se o critério qualitativo" (Albuquerque; Andrade, 2019, p. 111).

3.4 Contramedidas de segurança e identificação de vulnerabilidades nos aeroportos

Sobre a política e os objetivos da segurança operacional, a RBAC n. 153/2016 rege que:

(a) O operador de aeródromo deve formalizar o conteúdo da política de segurança operacional, o qual deve ser assinado pelo operador do aeródromo e pelo gestor responsável do aeródromo, no caso de serem pessoas distintas.

(b) A política de segurança operacional deve conter:

(1) os princípios e diretrizes definidos pelo operador de aeródromo para o gerenciamento da segurança operacional;

(2) declaração expressa do comprometimento do operador de aeródromo com a garantia da segurança operacional, responsabilizando-se por:

(i) cumprir com os requisitos regulamentares;

(ii) identificar as linhas de imputabilidade com respeito ao desempenho da segurança operacional;

(iii) garantir provisão de recursos humanos e financeiros necessários para implantação do SGSO e para execução de ações estabelecidas para controle dos riscos;

(iv) estabelecer formalmente padrões organizacionais e comportamentos aceitáveis, garantindo sua divulgação aos membros da organização e comunidade aeroportuária;

(v) estabelecer requisitos de segurança operacional de cumprimento obrigatório para seus funcionários e demais prestadores de serviço que atuam no sítio aeroportuário e que mantenham relação contratual com o operador de aeródromo e cujas atividades tenham impacto sobre a segurança operacional do aeródromo;

(vi) gerenciar os riscos à segurança operacional de forma padronizada e contínua, fazendo uso de abordagens reativas, preventivas e preditivas, conforme a complexidade de suas operações aéreas e aeroportuárias;

(vii) garantir que toda e qualquer atividade que possa afetar as operações do aeródromo seja planejada e executada de forma a preservar a segurança operacional;

(viii) encorajar os colaboradores e demais usuários a relatar situações que afetem ou possam afetar a segurança operacional, assegurando a preservação das fontes e a não punição dos autores dos relatos, exceto nos casos que envolvam negligência ou violação intencional;

(ix) comunicar à ANAC ocorrência de ESO no sítio aeroportuário;

(x) promover o SGSO para todo o pessoal envolvido com atividades que possam ter impacto sobre a segurança operacional;

(xi) melhorar continuamente o seu nível de desempenho de segurança operacional;

(xii) gerenciar mudanças em sua estrutura organizacional que possam influenciar na segurança operacional. (Anac, 2016, p. 24-25)

Outro fato que não deve ser esquecido no gerenciamento dos riscos de segurança operacional é a previsão para identificação de perigos, dada pela Resolução n. 382, de 14 de junho de 2016, da Anac, e inclusa na RBAC n. 153/2016 (Anac, 2016). Além disso, a garantia da segurança operacional deve ser oferecida por meio de requisitos e recursos: 1. monitoramento e medição do desempenho da segurança operacional;

2. gerenciamento da mudança; 3. melhoria contínua do SGSO" (Anac, 2016, p 33).

Por outro lado, a política de segurança deve ser compreendida por todos os membros da equipe, de modo que deve ser única, simples e direta, descrevendo toda a abordagem fundamental do aeródromo. O "SGSO se iniciará com a identificação de todos os perigos e riscos associados às operações do aeródromo e fará a avaliação destes e dos riscos associados" (Por que..., 2019).

> **Para saber mais**
>
> O DESAFIO da segurança dos aeroportos. **Telefônica**, 28 dez. 2016. Disponível em: <http://ingenieriadeseguridad.telefonica.com/not%C3%ADcia/2016/12/28/O-desafio-da-seguran%C3%A7a-dos-aeroportos.html>. Acesso em: 13 ago. 2021.
>
> Recomendamos a leitura desse artigo, publicado pela empresa Telefônica. Destacamos seu questionamento inicial:
>
>> **A segurança em aeroportos é uma prioridade absoluta** desde os acontecimentos de 11 de setembro, e agora muito mais, levando em consideração os recentes atos terroristas em aeroportos como o de Bruxelas ou Istambul.
>> Quem poderia imaginar, há alguns anos, que o risco em um aeroporto poderia ser o sequestro de uma aeronave ou um ataque terrorista em um terminal? (O desafio..., 2016)

Por meio do treinamento e da qualificação dos trabalhadores, com o uso da metodologia para avaliação e mitigação de risco, é possível promover a segurança operacional e executar o planejamento formal. A RBAC n. 153/2016 oferece algumas orientações a propósito da identificação dos perigos:

(1) O operador de aeródromo deve estabelecer um processo contínuo e formal para identificar perigos existentes ou potenciais nas operações desenvolvidas.

(2) O operador de aeródromo deve estabelecer requisitos, fontes de dados e recursos a serem utilizados para identificação de perigos referentes à abordagem reativa, preventiva e preditiva, conforme a complexidade de suas operações.

(3) O operador de aeródromo deve estabelecer requisitos para considerar informações sobre perigos obtidas a partir das recomendações decorrentes de investigações de incidentes e acidentes aeronáuticos, visando ao gerenciamento reativo. (Anac, 2016, p. 27)

De mais a mais, é necessário demarcar os limites dos perímetros patrimonial e operacional do aeroporto para que haja uma clara interpretação das áreas, de modo a estabelecer, principalmente, os limites dos terminais de passageiros, de cargas, entre outros.

O que é?

O **Manual Geral de Aeroportos** (MGA) determina as minutas a serem seguidas pelas empresas, em caso de privatização de um aeroporto. Trata-se de uma ferramenta administrativa operacional usada para planejar, executar e controlar as atividades aeroportuárias.

3.4.1 Nível de proteção contra incêndio

O nível de proteção contra incêndio tem de estar de acordo com a classe do aeródromo, considerando as aeronaves que o utilizam, o número de passageiros que comporta e o tempo de resposta do Serviço de Prevenção, Salvamento e Combate a Incêndio em Aeródromos Civis (Sescinc) para os Carros de Combate a Incêndio (CCIs).

Os aeródromos são classificados de acordo com a quantidade de passageiros processados a cada ano, conforme o Quadro 3.1. Se houver um crescimento vertiginoso, o operador tem um prazo de até 180 dias para adequação aos requisitos exigidos para o novo porte.

Quadro 3.1 – *Classes de aeródromos*

Classes de aeródromos	
Classes	Pax processados no ano anterior
I	Menos de 100.000
II	Entre 100.000 e 399.999
III	Entre 400.000 e 999.999
IV	Maior ou igual a 1.000.000

Fonte: Anac, 2009, p. 12.

Para saber mais

MACIEL, R. H. et al. Análise da dinâmica do trabalho portuário: estudo comparativo entre os portos do Mucuripe e do Pecém, no Ceará. **Revista Brasileira de Saúde Ocupacional**, São Paulo, v. 40, n. 132, p. 170-182, 2015. Disponível em: <https://www.scielo.br/j/rbso/a/VXdScnhsnXP7FbkDWLLfLtC/?format=pdf&lang=pt>. Acesso em: 13 ago. 2021.

Esse artigo traz uma minuciosa análise das operações desenvolvidas nos portos de Mucuripe e Pecém, no Ceará, abordando o maquinário e a exposição a riscos. No caso dos municípios, as inovações tecnológicas levaram à redução de agravantes, bem como em uma reestruturação produtiva, concretizada na lei.

Síntese

› O dia 11 de setembro de 2001 representa uma data trágica para a humanidade. Após o atentado ao World Trade Center, nos Estados Unidos, a 22ª Sessão da Assembleia da Organização Marítima Internacional (IMO), ligada à Organização das Nações Unidas (ONU), concordou em desenvolver medidas de proteção a navios e instalações portuárias.
› No Brasil, o Código ISPS se divide em Marinha do Brasil, responsável por sua implantação e por sua adaptação aos navios e plataformas móveis, e Comissão Nacional de Segurança Pública nos Portos, Terminais e Vias Navegáveis (Conportos), encarregada da implantação do regramento nas instalações portuárias.
› O Plano de Segurança Pública Portuária (PSP) dedica-se ao aperfeiçoamento do sistema de segurança dos portos, terminais e vias navegáveis, baseando-se na análise de riscos com ênfase em segurança portuária (Aresp).

4

Organização do espaço aéreo brasileiro

Conteúdos do capítulo:

› Empresa Brasileira de Infraestrutura Aeroportuária (Infraero).
› Processo de desestatização dos aeroportos públicos no século XXI.
› Administração privada e administração pública de aeroportos.
› Agência Nacional de Aviação Civil (Anac).
› Organização do espaço aéreo brasileiro e suas especificidades.
› O papel do gestor de aeroportos em conjunto com os órgãos que atuam no setor.

Após o estudo deste capítulo, você será capaz de:

1. identificar os principais serviços realizados pela Infraero;
2. compreender o processo de desestatização dos aeroportos públicos brasileiros, bem como a gestão posterior desses aeroportos;
3. reconhecer o papel e atuação da Anac na garantia de segurança ao transporte aéreo brasileiro;
4. descrever a gestão do espaço aéreo brasileiro e seu efeito sobre as operações aeroportuárias em todo o território nacional.

As operações e os serviços aeroportuários apresentam inúmeras especificidades que precisam ser consideradas pelos gestores e profissionais que atuam diretamente na área. Esses serviços envolvem diversas organizações, movimentam milhões de reais mensalmente, empregam milhares de colaboradores e, principalmente, têm um risco elevado, o que torna a preocupação com a segurança algo evidente.

O controle das operações aeroviárias no Brasil e no mundo fica a cargo dos governos centrais. Portanto, no caso brasileiro, compete ao Governo Federal administrar esses serviços e cuidar para que tudo ocorra bem e dentro dos padrões internacionalmente exigidos. Em um país de dimensões continentais, o controle do espaço aéreo envolve aspectos ainda mais complexos, pois a existência de grandes aeroportos em um mesmo espaço impõe dificuldades na organização dos voos de todas as empresas e interessados.

A organização do espaço aéreo no Brasil é realizada em parceria com a aeronáutica, que tem enorme experiência e conhecimento nessa área. Assim, ao delegar essa responsabilidade a um órgão de origem militar, é natural que esse assunto se torne ainda mais complexo do ponto de vista da gestão e da operacionalidade. As empresas privadas, os passageiros e os trabalhadores que atuam no setor aéreo devem estar sempre atentos para compreenderem como esse setor está organizado no país e quais são as responsabilidades de cada um nesse processo.

Os gestores que atuam ou pretendem atuar na gestão aeroportuária devem também buscar compreender as responsabilidades, as participações e as principais atividades exercidas por cada um dos órgãos governamentais que orbitam o setor.

Somente assim será possível conhecer como esses órgãos impactam no dia a dia das operações dos aeroportos e como eles podem colaborar na solução de problemas e percalços.

Neste capítulo, serão abordados três assuntos que são, destacadamente, apontados como necessários e importantes para compreensão dos serviços aéreos no Brasil. O primeiro trata da participação da Empresa Brasileira de Infraestrutura Aeroportuária (Infraero) como órgão do Governo Federal responsável pela administração dos principais aeroportos nacionais. Trataremos também do processo de desestatização desses aeroportos e como isso tem afetado o setor aéreo brasileiro tanto positiva quanto negativamente.

A atuação da Agência Nacional de Aviação Civil (Anac) e suas responsabilidades também serão apresentadas ao longo deste capítulo, visto que esta assume um papel fundamental na organização do transporte aéreo. Por fim, mas não menos importante, serão elencados aspectos relacionados à organização do espaço aéreo brasileiro e suas divisões.

4.1 O papel da Infraero: histórico e particularidades

As mudanças ocorriam a passos largos e, com isso, a aviação também avançava e se consolidava cada vez mais como meio de transporte para toda a população. Com esse crescimento da aviação, o governo brasileiro organizou-se a fim de criar um modelo de gestão para os aeroportos que pudesse atender às necessidades de empresas e passageiros.

A Infraero surgiu, então, em 3 de maio de 1973, como uma empresa pública voltada para a administração de aeroportos públicos. Esse movimento visava garantir uma organização especializada na gestão de aeroportos e impostos, com uma independência maior se comparada a uma secretaria ou a um órgão do governo (Infraero, 2013).

Com o intuito de apresentar os principais fatos históricos acerca do surgimento e, principalmente, do crescimento da Infraero, elencamos, a seguir, alguns dos principais acontecimentos da história da organização, em especial, as datas em que assumiu o controle dos aeroportos brasileiros (Infraero, 2013):

> Em 2 de novembro de 1973, a Infraero assumiu o controle do seu primeiro aeroporto, no caso, o Aeroporto Internacional de Brasília – Presidente Juscelino Kubitschek (DF). Cinco dias depois, assumiu a gestão de seu segundo aeroporto, o Aeroporto de Ponta Pelada, em Manaus, no Estado do Amazonas.
> O ano de 1974 marcou o início da gestão em 13 aeroportos localizados nas seguintes cidades: Pampulha (MG), Carlos Prates (MG), Belém (PA), Boa Vista (RR), Recife (PE), Salvador (BA), Fortaleza (CE), Goiânia (GO), Curitiba (PR), Foz do Iguaçu (PR), Florianópolis (SC), Joinville (SC) e Porto Alegre (RS). Esse ano também marcou a entrada da Infraero no ramo de transporte de cargas aéreas: o primeiro terminal de cargas foi instalado no Aeroporto Internacional Afonso Pena, em Curitiba, sendo que, posteriormente, foram instalados terminais de cargas nos aeroportos de Porto Alegre (RS), Joinville (SC) e Belém (PA).
> Em 1975, as operações da empresa no transporte de cargas cresceu. A empresa inaugurou ou assumiu o controle de

sete terminais localizados em diferentes cidades: Recife (PE), Natal (RN), Fortaleza (CE), São Luís (MA), Goiânia (GO), Corumbá (MS) e Brasília (DF). Nesse mesmo ano teve início a administração dos aeroportos de Aracaju (SE), Campo Grande (MS), Corumbá (MS), Cuiabá (MT), Maceió (AL), São Luís (MA), Teresina (PI) e Vitória (ES).

> Em 1976, foi inaugurado o Aeroporto Internacional Eduardo Gomes, em Manaus.
> No dia 20 de janeiro de 1977, foi inaugurado o Aeroporto Internacional do Galeão no Rio de Janeiro, que, nos anos seguintes, se tornaria um dos principais aeroportos do Brasil. Esse ano representou um marco na gestão da Infraero, pois a organização deixou de depender dos repasses do Governo Federal para manter as suas atividades, ou seja, as despesas de custeio passaram a ser pagas pelo caixa da empresa, gerado com as taxas e demais receitas aeroportuárias arrecadadas. Assim, somente os investimentos realizados pela organização eram de origem do Governo Federal.
> No ano de 1978, a Infraero passou a administrar os terminais de cargas do Aeroporto Internacional de Viracopos, em Campinas, e do Aeroporto Internacional do Galeão.
> Em 1979, a Infraero assumiu a gestão do Aeroporto Internacional Presidente Castro Pinto, em João Pessoa.
> Em 1980, assumiu a gestão do Aeroporto Internacional de Viracopos, em Campinas.
> Em 1981, assumiu a gestão do Aeroporto de Congonhas, em São Paulo.
> Em 1984, Minas Gerais ganhou seu aeroporto internacional administrado pela Infraero: o aeroporto Internacional

Tancredo Neves, em Confins, Região Metropolitana de Belo Horizonte.

> Em 1985, foi inaugurado o Aeroporto Internacional de São Paulo, em Guarulhos, que se tornaria, futuramente, uma das principais portas de entrada e saída do Brasil em relação ao volume de passageiros internacionais.

> Em 1989, o Governo Federal criou o Adicional de Tarifa Aeroportuária (Ataero), que representava um acréscimo de 50% sobre as tarifas para ser aplicado em reformas, reaparelhamento e expansão das instalações dos aeroportos no Brasil.

> Em 1995, a Infraero incorporou as operações e também as funções da Telecomunicações Aeronáuticas S.A. (Tasa), a empresa estatal que prestava serviços de navegação aérea em todo o território nacional.

> A chegada do ano 2000 promoveu duas importantes alterações na gestão da Infraero. Pela primeira vez em sua história, um civil assumiu a gestão da organização: Fernando Perrone, que realizou profundas mudanças na estrutura do órgão e trouxe diversos profissionais do mercado com a intenção de modernizar as estruturas organizacionais da empresa. Além disso, a empresa foi incorporada ao Ministério da Defesa.

> Em 2001, a Infraero adotou, primeiramente na operação do aeroporto de Porto Alegre e, posteriormente, nos demais aeroportos sob sua gestão, o conceito de *aeroshopping*, possibilitando a instalação de lojas para oferecer maior comodidade aos clientes.

Exemplificando

Aeroshopping é um conceito utilizado no mundo todo para descrever a implementação de um amplo sistema de lojas – empresas que oferecem serviços e demais comodidades aos passageiros dos aeroportos. Em suma, trata-se de oferecer as mesmas possibilidades de compras e negócios que os *shoppings* no ambiente de um aeroporto.

› Em 27 de setembro do ano de 2005, foi criada a Anac, que assumiu as responsabilidades e as atividades do Departamento de Aviação Civil (DAC).
› Em 2007, ocorreu a inauguração dos Núcleos de Acompanhamento e Gestão Operacional nos principais aeroportos da Infraero. Nesses núcleos, em uma única sala, 24 horas por dia, todos os órgãos do setor aéreo monitoram as operações dos complexos aeroportuários de todo o Brasil.
› Em abril de 2009, a Infraero inaugurou uma de suas mais recentes operações aeroportuárias: o Aeroporto Internacional de Cruzeiro do Sul (AC).
› Em 2011, a responsabilidade sobre a Infraero deixou de ser do Ministério da Defesa, com a criação da Secretaria de Aviação Civil da Presidência da República (SAC-PR).

O ano de 2011 marcou, ainda, o processo de desestatização das principais operações aeroportuárias do Brasil, quando o Governo Federal anunciou planos para a concessão dos aeroportos de Guarulhos, Campinas e Brasília. Isso mudou radicalmente as operações da Infraero. O programa de desestatização, seus reflexos e suas características serão mais amplamente debatidos na próxima seção deste capítulo;

no momento, apresentaremos a estrutura e a organização da Infraero.

Segundo o art. 4º do Estatuto Social da Infraero, a organização tem dois objetos sociais que direcionam as suas atividades e seus processos:

> I – implantar, administrar, operar e explorar industrial e comercialmente a infraestrutura aeroportuária; e
> II – prestar consultoria e assessoramento em suas áreas de atuação e na construção de aeroportos. (Infraero, 2020)

Com o intuito de atender a seus objetivos gerais, a Infraero divide-se em alguns órgãos internos que são fundamentais para sua organização e para o atendimento aos anseios do Governo Federal, seu principal acionista. Entre os órgãos que fazem parte da empresa, destacam-se:

> Assembleia Geral;
> Conselho de Administração;
> Diretoria Executiva;
> Conselho Fiscal;
> Comitê de Auditoria;
> Comitê de Elegibilidade.

A Assembleia Geral é o órgão máximo de gestão da Infraero, que detém todos os poderes para deliberar sobre os negócios relativos aos objetos da empresa, podendo, inclusive, alterar o capital social e o Estatuto Social da empresa. Cabe também a ela o poder de eleger e destituir seus conselheiros a qualquer momento.

Como a Assembleia Geral é o órgão máximo, sua convocação não ocorre de forma constante, sendo somente convocada quando se faz necessário ou para atender aos dispositivos de convocação presentes no Estatuto Social da organização. Todavia, existem outros órgãos que auxiliam no processo de gestão da Infraero e que se fazem presentes no dia a dia das operações. Os principais organismos da empresa e suas funções estão elencados no Quadro 4.1.

Quadro 4.1 – *Órgãos sociais e estatutários da Infraero e suas principais funções*

Órgão da Infraero	Funções e principais atividades
Conselho de Administração	Órgão responsável pela deliberação estratégica e colegiada. Entre suas competências, destacam-se: fixar a política de orientação geral dos negócios da Infraero e acompanhar a sua execução; eleger e destituir os membros da Diretoria Executiva, fixando-lhes as atribuições; fiscalizar a gestão dos membros da Diretoria Executiva; examinar, a qualquer tempo, os livros e papéis da Infraero; solicitar informações sobre contratos celebrados ou em via de celebração, e quaisquer outros atos; convocar a Assembleia Geral; aprovar e acompanhar o plano de negócios, estratégico e de investimentos, e as metas de desempenho, que deverão ser apresentados pela Diretoria Executiva; solicitar auditoria interna periódica sobre as atividades da Infraprev, entidade fechada de previdência complementar que administra plano de benefícios da Infraero; realizar a autoavaliação anual de seu desempenho; aprovar o Regimento Interno do Conselho de Administração e do Comitê de Auditoria, bem como o Código de Conduta e Integridade da Empresa.
Diretoria Executiva	Órgão executivo de administração e representação. A essa diretoria cabe assegurar o funcionamento regular da Infraero em conformidade com a orientação geral que foi traçada pelo Conselho de Administração. Compete à Diretoria Executiva: gerir as atividades da empresa e avaliar os seus resultados; monitorar a sustentabilidade dos negócios, os riscos estratégicos e as respectivas medidas de mitigação, elaborando relatórios gerenciais com indicadores de gestão; elaborar os orçamentos anuais e plurianuais da Infraero e acompanhar sua execução; definir a estrutura organizacional da Infraero e a distribuição interna das atividades administrativas; aprovar as normas internas de funcionamento da Infraero relativas à sua alçada decisória; promover a elaboração, em cada exercício, do relatório da administração e das demonstrações financeiras, submetendo essas últimas à Auditoria Independente e aos Conselhos de Administração e Fiscal e ao Comitê de Auditoria.

(continua)

(Quadro 4.1 – conclusão)

Órgão da Infraero	Funções e principais atividades
Conselho Fiscal	Órgão permanente de fiscalização e de atuação colegiada e individual. Compete ao Conselho Fiscal: fiscalizar, por qualquer de seus membros, os atos dos administradores e verificar o cumprimento dos seus deveres legais e estatutários; opinar sobre o relatório anual da administração e as demonstrações financeiras do exercício social; manifestar-se sobre as propostas dos órgãos da administração, a serem submetidas à Assembleia Geral, relativas à modificação do capital social, emissão de debêntures e bônus de subscrição, planos de investimentos ou orçamentos de capital, distribuição de dividendos, transformação, incorporação, fusão ou cisão; denunciar, por qualquer de seus membros, aos órgãos de administração e, se estes não adotarem as providências necessárias para a proteção dos interesses da Infraero, à Assembleia Geral, os erros, as fraudes ou os crimes que descobrirem, e sugerir providências; analisar, ao menos trimestralmente, o balancete e demais demonstrações financeiras elaboradas periodicamente pela empresa.
Comitê de Auditoria	Órgão que oferece suporte ao Conselho de Administração. Atua na auditoria e na fiscalização da qualidade das demonstrações contábeis e da efetividade dos sistemas de controle interno, das auditorias (interna e independente) que ocorrem dentro da Infraero. Compete ao Comitê de Auditoria: opinar sobre a contratação e a destituição de auditor independente; supervisionar as atividades dos auditores independentes, avaliando sua independência, a qualidade dos serviços prestados e a adequação de tais serviços às necessidades da empresa; supervisionar as atividades desenvolvidas nas áreas de controle interno, de auditoria interna e de elaboração das demonstrações financeiras da Infraero; monitorar a qualidade e a integridade dos mecanismos de controle interno, das demonstrações financeiras e das informações e medições divulgadas.
Comitê de Elegibilidade	Órgão que auxilia os acionistas na verificação da conformidade do processo de indicação e de avaliação dos administradores e respectivos conselheiros fiscais. Compete ao Comitê de Elegibilidade: opinar, de modo a auxiliar a Assembleia Geral na indicação de administradores e conselheiros fiscais, sobre o preenchimento dos requisitos e a ausência de vedações para as respectivas eleições; e verificar a conformidade do processo de avaliação dos administradores e dos conselheiros fiscais.

Fonte: Elaborado com base em Infraero, 2020.

A estrutura disponível para gestão da Infraero é enorme, razão por que cada um dos órgãos apresentados no Quadro 4.1 dispõe de autonomia para dotar suas atividades e operações de lisura e bom uso dos recursos públicos. A organização apresenta uma estrutura robusta que visa dar conta de todas as expectativas que a sociedade possui em relação a sua atuação.

Exercício resolvido

A Infraero é uma organização robusta com a função de auxiliar na organização das empresas aeroportuárias de todo o Brasil. Sendo assim, é natural que apresente uma estrutura organizacional que lhe permita atender a suas necessidades. Considerando o exposto, assinale a alternativa que apresenta o órgão interno da Infraero cuja função consiste em auxiliar na verificação da conformidade dos processos de indicação dos administradores da organização:

a) Comitê de Elegibilidade.
b) Conselho Fiscal.
c) Comitê de Auditoria.
d) Diretoria Executiva.

Gabarito: a

***Feedback* do exercício**: Compete ao Comitê de Elegibilidade auxiliar os acionistas na verificação da conformidade do processo de indicação e de avaliação dos administradores e respectivos conselheiros fiscais.

Em 2020, a Infraero divulgou para toda a sociedade seus principais objetivos estratégicos, os quais nortearão suas ações pelo período de 2020 até 2024. Reforça-se, ainda, que esses objetivos foram elaborados com a participação do Governo Federal. O acionista da organização tem contato também com a atuação dos colaboradores, diretores e órgãos da Infraero. Os cinco objetivos estratégicos da organização encontram-se divididos em três dimensões distintas, que sustentam o plano estratégico da organização, conforme disposto na Figura 4.1.

Figura 4.1 – Mapa estratégico Infraero

Mapa Estratégico Infraero 2020-2024

Missão: Prestar serviços aeroportuários de excelência, criando valor para os clientes e contribuindo com o desenvolvimento do País.

Visão: Ser um elo estratégico para o setor de aviação civil e se consolidar no mercado como uma empresa de serviços aeroportuários.

RESULTADOS

- Contribuir para o desenvolvimento da aviação regional
- Garantir a sustentabilidade financeira dos negócios

OPERAÇÃO E TRANSIÇÃO DE AEROPORTOS
Garantir a qualidade, operacionalidade e segurança dos aeroportos — OE-01

TRANSFORMAÇÃO E REPOSICIONAMENTO DOS NEGÓCIOS
Assegurar um corpo funcional adequado ao novo modelo de negócio — OE-02

Estruturar o portfólio de serviços estratégicos, garantir a concretização dos negócios e o desenvolvimento do setor de aviação civil — OE-03

SUSTENTABILIDADE ECONÔMICO-FINANCEIRA
Racionalizar custos e despesas — OE-04

Otimizar receitas — OE-05

INFRAERO AEROPORTOS

Fonte: Infraero, 2019.

O planejamento estratégico da Infraero é extenso e robusto, assim como as funções e atividades realizadas pela organização. Por isso, o planejamento visa atender às necessidades da empresa, respeitando os pontos fortes e fracos presentes em seus ambientes interno e externo. Os gestores da organização elaboraram uma análise SWOT (*Strengths, Weaknesses, Opportunities, Threats* – Forças, Fraquezas, Oportunidades e Ameaças), uma das principais ferramentas disponíveis para a compreensão de como a organização se encontra na atualidade.

Perguntas & respostas

Qual a importância de se realizar um planejamento estratégico em uma organização?

O planejamento estratégico é fundamental para todas as organizações, independentemente de seu tamanho. Portanto, essa é uma prática que deve ser incorporada pelos gestores sempre que for necessário realizar um novo investimento ou abrir um novo negócio.

Nos Quadros 4.2 e 4.3, apresentamos a análise SWOT elaborada pela Infraero, mais recentemente, para seu setor de Tecnologia da Informação. Nessa análise, é possível observar quais são os principais desafios da organização em se manter atualizada perante o mercado. Além disso, podemos verificar as condições atuais desse mercado.

Quadro 4.2 – *Análise SWOT da Infraero de 2017 a 2021 – Ambiente interno*

Ambiente	Positivo	Negativo
	(S) Forças	(W) Fraquezas
Interno	Conhecimento em soluções de TI para o mercado aeroportuário brasileiro	Alta evasão do capital intelectual de TI (empregados) sem reposição.
	Comitê Consultivo de Mudança – CCM, Equipe de Causa Raiz, Comitê de Arquitetura Corporativa de TI – COMARCO e Equipe de Tratamento e Resposta a Incidentes em Redes Computacionais – ETIR implantados.	Dificuldade em manter competências técnicas e gerenciais atualizadas.
	Adoção de modelo de computação em Nuvem para aplicativos de escritório e colaboração.	Alta concentração de conhecimento de TI nas mãos de empregados terceirizados.
	Mecanismos para controle e transparência do processo de Gestão de Demandas e Projetos de TI estabelecidos (critérios de priorização definidos; critérios de complexidade, "janelas" de novos projetos).	Profissionais [...] com especialização da área de TI exercendo atribuições administrativas em função da baixa quantidade de profissionais administrativos.
	Soluções de *BI* para subsidiar decisões estratégicas e táticas.	Alguns processos e metodologias de trabalho não definidos e formalizados. Documentação incompleta ou desatualizada dos sistemas (projetos e legados). Falta de iniciativas corporativas para fomentar a pesquisa e desenvolvimento no âmbito da TI.

(continua)

(Quadro 4.2 – conclusão)

Ambiente	Positivo	Negativo
	(S) Forças	**(W) Fraquezas**
Interno	Criação de Manual de planejamento de contratação de soluções de TI.	Vulnerabilidades em segurança da informação.
		Deficiência na Gestão de Projetos de TI.
	Movimento DEVOPS com envolvimento de recursos multidisciplinares para resolução e desenvolvimento de novas soluções e inovação.	Alto nível de obsolescência dos ativos de TI.
		Falta de iniciativas corporativas para fomentar a pesquisa e desenvolvimento no âmbito da TI.
	Atualização da Metodologia de Sistemas da Infraero – MSI, com otimização da arquitetura de *software* e com apoio do Gerenciamento de Ciclo de Vida de Aplicativos – ALM, com automatização de processos relacionados ao desenvolvimento de *software*.	Falta de priorização na condução de respostas e cumprimento de planos de ações relacionados às auditorias de TI.
		Plano de Capacitação de TI reduzido devido a limitações orçamentárias.
	Comitê de Gestão Estratégica – COGES e Comitê de Gestão de Segurança da Informação e Comunicação, no âmbito corporativo.	Recursos financeiros insuficientes para investimento e custeio de TI.
		Alta dependência dos serviços terceirizados de TI.
	Conjunto de ferramentas de *software* que provê uma amplitude de possibilidades na criação de soluções de negócio.	Alta rotatividade da alta administração e dos gestores de TI.
	As atividades de Segurança de TI são desempenhadas por empregados orgânicos.	Ausência de Gestão de Governança e Gerenciamento de Dados.
		Equipe orgânica mal distribuída, ocasionando sobrecarga em determinadas especialidades

Fonte: Infraero, 2017, p. 19-20.

Quadro 4.3 – Análise de SWOT da Infraero de 2017 a 2021 – Ambiente externo

	(O) Oportunidades	(T) Ameaças
Externo	Prestação de serviços e sistemas de TI para os concessionários do setor aeroportuário.	Dependência do Orçamento da União para investimento de TI.
	Possibilidade de aplicação de novas tecnologias do setor aeroportuário na Infraero.	Indefinição governamental sobre o Modelo de Aviação Civil para o Brasil.
	Facilidade na troca de informações e de experiências com outros Órgãos da Administração Pública.	Concessão de novos aeroportos à iniciativa privada, impactando na sustentabilidade da Infraero
	Possibilidade de *benchmarking* com Aeroportos nacionais em função das concessões.	Condições de cargos e salários dos outros Órgãos da Administração Pública superiores aos da Infraero.
		Perda de capital intelectual da TI em virtude da cessão de empregados para outros órgãos e de programas de desligamentos incentivados.

Fonte: Infraero, 2017, p. 20.

Considerando a análise SWOT do setor de tecnologia da informação apresentada nos Quadros 4.2 e 4.3, podemos constatar que a Infraero enfrenta grandes desafios na gestão de seu negócio, de modo que, ao superá-los, seus gestores têm a oportunidade de proporcionar enormes avanços para a organização. A condição de uma empresa pública com a função de organizar o processo de desestatização que se avizinha coloca a gestão da Infraero em um ambiente complexo e incerto sobre seu futuro. Entretanto, em razão do modelo de negócio que adotou em sua história, em que os investimentos eram realizados pelo Poder Público, bem como diante da necessidade de volumosos investimentos para os próximos anos, tem-se que o processo de desestatização ocorrerá mesmo diante das resistências existentes dentro da organização e em parte da sociedade.

4.2 O processo de desestatização dos aeroportos brasileiros

Em busca de modernizar as operações aeroportuárias nacionais, o Governo Federal iniciou, a partir de 2010, estudos para desestatizar parte das operações até então controladas pela Infraero. Esse processo foi realizado em conjunto com concessões em outras áreas da economia iniciadas na década de 1990:

> Durante o período 1990-2015, foram realizadas 99 desestatizações, referentes aos setores siderúrgico, químico e petroquímico, fertilizantes, elétrico, ferroviário, mineração, portuário, aeroportuário, rodoviário, financeiro, de petróleo e outros [...].
>
> [...]
>
> O Programa Nacional de Desestatização – PND, no período 1990-2015, obteve uma receita equivalente a US$ 54,5 bilhões com a venda de empresas e com a alienação de participações minoritárias. Esse valor, acrescido do valor da dívida transferida ao setor privado, de cerca de US$ 9,2 bilhões, representa um resultado total para o PND da ordem de US$ 63,7 bilhões. (BNDES, 2021)

Entre 1990 e 2015, foram concedidas à iniciativa privada parte ou a totalidade das seguintes operações aeroportuárias:

> Aeroporto Internacional de São Gonçalo do Amarante, no Estado do Rio Grande do Norte; Aeroporto Internacional Governador André Franco Montoro – SBGR, em Guarulhos - SP; Aeroporto Internacional de Viracopos – SBKP, no

Estado de São Paulo; Aeroporto Internacional Juscelino Kubitschek – SBBR, no Distrito Federal; Aeroporto Internacional Antônio Carlos Jobim (Galeão), no Estado do Rio de Janeiro (RJ); e Aeroporto Internacional Tancredo Neves (Confins), nos Municípios de Confins e Lagoa Santa (MG). (BNDES, 2021)

Com as concessões desses aeroportos, o Governo Federal recebeu o equivalente, à época, a mais de R$ 23,4 bilhões de reais. Segundo a Anac (2021b), essas concessões visam "atrair investimentos para ampliar, aperfeiçoar a infraestrutura aeroportuária brasileira e, consequentemente, promover melhorias no atendimento aos usuários do transporte aéreo no Brasil". Além disso, houve por um período a preocupação de preparar o país para receber grande eventos, como a Copa do Mundo FIFA, em 2014, e os Jogos Olímpicos do Rio de Janeiro, em 2016.

Em 2017, mais quatro aeroportos foram concedidos para a iniciativa privada:

> Aeroporto Internacional de Fortaleza – Pinto Martins (CE);
> Aeroporto Internacional de Salvador – Deputado Luiz Eduardo Magalhães (BA);
> Aeroporto Internacional de Florianópolis – Hercílio Luz (SC);
> Aeroporto Internacional Porto Alegre – Salgado Filho (RS).

O Governo Federal ainda ampliou o processo de desestatização no ano de 2017, alienando também a participação acionária da Infraero nas concessionárias dos aeroportos de

Brasília, Confins, Galeão e Guarulhos, nos quais detém 49% do controle, uma nova rodada de concessões. Em outubro, foram incluídos no Programa Nacional de Desestatização 13 aeroportos, que serão concedidos em blocos regionais. O bloco do Nordeste será formado pelos aeroportos de Recife/PE, Maceió/AL, Aracaju/SE, João Pessoa/PB, Campina Grande/PB e Juazeiro do Norte/CE. Outro bloco é o Sudeste, no qual serão concedidos os aeroportos de Vitória/ES e Macaé/RJ. Por fim, há o bloco do Centro-Oeste, com a concessão dos aeroportos de Cuiabá/MT, Sinop/MT, Rondonópolis/MT, Alta Floresta/MT e Barra do Garças/MT. Esse último aeroporto foi excluído do processo em agosto de 2018. (Anac, 2021b)

No Quadro 4.4, detalhamos os processos de desestatização consolidados até 2020, com informações como o nome da concessionária, o objeto da concessão, a data da assinatura dos contratos e o prazo da concessão previsto. É importante ressaltar, ainda, que alguns dos processos de concessão realizados foram para uma única operação aeroportuária, enquanto outros abarcaram mais de uma. Isso ocorreu para que houvesse um maior interesse das empresas privadas no processo de concessão.

Quadro 4.4 – **Aeroportos concedidos à iniciativa privada**

Concessão	Operações concedidas	Objeto	Principais datas do contrato de concessão
Bloco Centro-oeste	"O Bloco Centro-Oeste, formado pelos aeroportos de Cuiabá, Sinop, Rondonópolis e Alta Floresta, todos em Mato Grosso, foi concedido à iniciativa privada em leilão realizado na B3 em 15/3/2019" (Anac, 2021b).	"Concessão dos serviços públicos para a ampliação, manutenção e exploração dos aeroportos integrantes do Bloco Centro-Oeste" (Anac, 2021b).	Data da assinatura do contrato: 3/9/2019 Início da concessão: 04/10/2019 Prazo da concessão: 30 anos
Bloco Nordeste	"O Bloco Nordeste, formado pelos aeroportos de Recife (PE), Maceió (AL), João Pessoa (PB), Aracaju (SE), Campina Grande (PB) e Juazeiro do Norte (CE), foi concedido à iniciativa privada em leilão realizado na B3 em 15/3/2018" (Anac, 2021b).	"Concessão dos serviços públicos para a ampliação, manutenção e exploração dos aeroportos integrantes do Bloco Nordeste" (Anac, 2021b).	Data da assinatura do contrato: 5/9/2019 Início da concessão: 09/10/2019 Prazo da concessão: 30 anos
Bloco Sudeste	"O Bloco Sudeste, formado pelos aeroportos de Vitória/ES e Macaé/RJ, foi concedido à iniciativa privada em leilão realizado na B3 em 15/3/2018" (Anac, 2021b).	"Concessão dos serviços públicos para a ampliação, manutenção e exploração dos aeroportos integrantes do Bloco Sudeste" (Anac, 2021b).	Data da assinatura do contrato: 5/9/2019 Início da concessão: 03/10/2019 Prazo da concessão: 30 anos
Aeroporto de Brasília (DF)	"O Aeroporto de Brasília (DF) foi concedido à iniciativa privada em leilão realizado na BMF&BOVESPA em 06/02/2012" (Anac, 2021b).	"Concessão dos serviços públicos para a ampliação, manutenção e exploração da infraestrutura do Complexo Aeroportuário" (Anac, 2021b).	Data da assinatura do contrato: 14/06/2012 Início da concessão: 24/07/2012 Prazo da concessão: 25 anos
Confins (MG)	"O Aeroporto de Confins (MG) foi concedido à iniciativa privada em leilão realizado na BMF&BOVESPA em 22/11/2013" (Anac, 2021b).	"Concessão dos serviços públicos para a ampliação, manutenção e exploração da infraestrutura do Complexo Aeroportuário" (Anac, 2021b).	Data da assinatura do contrato: 07/04/2014 Início da concessão: 07/05/2014 Prazo da concessão: 30 anos

(continua)

(Quadro 4.4 – continuação)

Concessão	Operações concedidas	Objeto	Principais datas do contrato de concessão
Aeroporto Internacional de Florianópolis	"O Aeroporto Internacional de Florianópolis (SC) foi concedido à iniciativa privada em leilão realizado na BMF&FBOVESPA em 16/03/2017" (Anac, 2021b).	"Concessão dos serviços públicos para a ampliação, manutenção e exploração da infraestrutura aeroportuária do Complexo Aeroportuário" (Anac, 2021b).	Data da assinatura do contrato: 28/07/2017 Início da concessão: "Com a ciência pela concessionária da emissão da Ordem de Serviço, a ser expedida até 30 dias da publicação do extrato do contrato no Diário Oficial da União" (Anac, 2021b). Prazo da concessão: 30 anos
Aeroporto Internacional de Fortaleza	"O Aeroporto Internacional de Fortaleza (CE) foi concedido à iniciativa privada em leilão realizado na BMF&BOVESPA em 16/03/2017" (Anac, 2021b).	"Concessão dos serviços públicos para a ampliação, manutenção e exploração da infraestrutura aeroportuária do Complexo Aeroportuário" (Anac, 2021b).	Data da assinatura do contrato: 28/07/2017 Início da concessão: "Com a ciência pela concessionária da emissão da Ordem de Serviço, a ser expedida até 30 dias da publicação do extrato do contrato no Diário Oficial da União" (Anac, 2021b). Prazo da concessão: 30 anos
Galeão (RJ)	"O Aeroporto do Galeão (RJ) foi concedido à iniciativa privada em leilão realizado na BMF&BOVESPA em 22/11/2013" (Anac, 2021b).	"Concessão dos serviços públicos para a ampliação, manutenção e exploração da infraestrutura do Complexo Aeroportuário" (Anac, 2021b).	Data da assinatura do contrato: 02/04/2014 Início da concessão: 07/05/2014 Prazo da concessão: 25 anos
Guarulhos (SP)	"O Aeroporto de Guarulhos (SP) foi concedido à iniciativa privada em leilão realizado na BMF&BOVESPA em 06/02/2012" (Anac, 2021b).	"Concessão dos serviços públicos para a ampliação, manutenção e exploração da infraestrutura do Complexo Aeroportuário" (Anac, 2021b).	Data da assinatura do contrato: 14/06/2012 Início da concessão: 11/07/2012 Prazo da concessão: 20 anos

(Quadro 4.4 – conclusão)

Concessão	Operações concedidas	Objeto	Principais datas do contrato de concessão
São Gonçalo do Amarante/ Natal (RN)	"O Aeroporto de São Gonçalo do Amarante (RN) foi o primeiro aeroporto concedido à iniciativa privada em leilão realizado na BMF&BOVESPA em 22/08/2011" (Anac, 2021b).	"Concessão dos serviços públicos para a ampliação, manutenção e exploração da infraestrutura do Complexo Aeroportuário" (Anac, 2021b).	Data da assinatura do contrato: 28/11/2011 Início da concessão: 18/01/2012 Prazo da concessão: 28 anos
Aeroporto Internacional de Porto Alegre	"O Aeroporto Internacional de Porto Alegre (RS) foi concedido à iniciativa privada em leilão realizado na BMF&FBOVESPA em 16/03/2017" (Anac, 2021b).	"Concessão dos serviços públicos para a ampliação, manutenção e exploração da infraestrutura aeroportuária do Complexo Aeroportuário" (Anac, 2021b).	Data da assinatura do contrato: 28/07/2017 Início da concessão: 29/08/2017 Prazo da concessão: 25 anos
Aeroporto Internacional de Salvador	"O Aeroporto Internacional de Salvador (BA) foi concedido à iniciativa privada em leilão realizado na BMF&BOVESPA em 16/03/2017" (Anac, 2021b).	"Concessão dos serviços públicos para a ampliação, manutenção e exploração da infraestrutura aeroportuária do Complexo Aeroportuário" (Anac, 2021b).	Data da assinatura do contrato: 28/07/2017 Início da concessão: 31/08/2017 Prazo da concessão: 30 anos
Campinas (SP) – Viracopos	"O Aeroporto de Viracopos (SP) foi concedido à iniciativa privada em leilão realizado na BMF&BOVESPA em 06/02/2012" (Anac, 2021b).	"Concessão dos serviços públicos para a ampliação, manutenção e exploração da infraestrutura do Complexo Aeroportuário" (Anac, 2021b).	Data da assinatura do contrato: 14/06/2012 Início da concessão: 11/07/2012 Prazo da concessão: 30 anos.

Fonte: Elaborado com base em Anac, 2021b.

O processo de concessão dos aeroportos brasileiros teve como principal objetivo proporcionar investimentos que o Governo Federal não tinha recursos para realizar. Para que se tenha uma noção sobre quais foram os investimentos acordados nas concessões realizadas, recomenda-se observar dois casos escolhidos para ilustrar os tipos de obras e investimentos necessários para que uma empresa concessionária ganhasse a concessão:

- › Aeroporto Internacional de Porto Alegre (RS):
    - › Ampliação: terminal de passageiros com capacidade para processar simultaneamente 2.350 passageiros no embarque doméstico e 400 no embarque internacional e, [sic] 1.850 passageiros no desembarque doméstico e 400 no desembarque internacional;
    - › Pátio para 22 aeronaves, sendo que 14 posições de estacionamento devem ser atendidas por pontes de embarque;
    - › Construir edifício garagem e respectivas vias de acesso para, [sic] pelo menos 4.300 vagas;
    - › Implantação de área de segurança de fim de pista (Resa);
    - › Adequação da faixa de pista e respectiva faixa preparada da PPD 11/29;
    - › Adequação das pistas de táxi, seus acostamentos e faixas de pista de táxi;
    - › Sistema automatizado de gerenciamento e inspeção de segurança da bagagem, capaz de inspecionar 100% das bagagens despachadas;
    - › Sistema de inspeção de segurança capaz de inspecionar 100% da carga embarcada com destino internacional; [...]. (Anac, 2021b)
- › Aeroporto de Guarulhos (SP):
    - › Novo terminal de passageiros com capacidade para processar simultaneamente 1.800 passageiros no embarque e 2.200 passageiros no desembarque

› Pátio para 32 aeronaves, sendo que 20 posições de estacionamento devem ser atendidas por pontes de embarque.
› Acessos Viários e Estacionamento para atender à demanda prevista
› Retirada de obstáculos e nivelamento das Faixas
› Preparadas no sistema de Pistas
› Implantação de Áreas de Segurança de Fim de Pista.

[...]

› Alargamento das pistas de Pouso e Decolagem para comportar aeronaves Código F
› Alargamento das Pistas de Rolamento para comportar aeronaves Código F

[...]

› Implantação de Áreas de Segurança de Fim de Pista (Anac, 2021b)

Observando esses exemplos, verifica-se a complexidade que o processo de concessão impõe às organizações participantes. Cabe ao Governo Federal acompanhar a aplicação dos recursos e a realização de investimentos acordados pela organização que venceu o processo de concessão.

Para saber mais

ANAC – Agência Nacional de Aviação Civil. **Concessões de aeroportos**. Disponível em: <https://www.gov.br/anac/pt-br/assuntos/concessoes>. Acesso em: 16 ago. 2021.

A Anac disponibiliza, em um *site*, todas as informações referentes às concessões, bem como a lista dos investimentos que deverão ser realizados pelas empresas vencedoras dos processos.

4.3 Agência Nacional de Aviação Civil e sua influência no setor aeroportuário brasileiro

A Anac é uma agência reguladora federal responsável por regular, fiscalizar e ajudar na organização das atividades ligadas à aviação civil no país. Nesse sentido, a agência visa garantir a disponibilidade de infraestrutura aeronáutica e aeroportuária para que as organizações do setor possam funcionar corretamente.

Criada no ano de 2005, quando substituiu o DAC, a agência é classificada como uma autarquia federal atualmente vinculada ao Ministério da Infraestrutura. Entre suas principais atividades, estão, também, os macroprocessos de certificação, fiscalização, normatização e representação institucional. A Anac é muito relevante para o setor aeroportuário, por isso, todos gestores e organizações devem estar atentos às atividades desenvolvidas pela agência.

A Anac (2021a) destaca como suas principais competências:

- Representar o Brasil junto a organismos internacionais de aviação e negociar acordos e tratados sobre transporte aéreo internacional.
- Emitir regras sobre segurança em área aeroportuária e a bordo de aeronaves civis.
- Conceder, permitir ou autorizar a exploração de serviços aéreos e de infraestrutura aeroportuária.
- Estabelecer o regime tarifário da exploração da infraestrutura aeroportuária.
- Administrar o Registro Aeronáutico Brasileiro (RAB).
- Homologar, registrar e cadastrar os aeródromos.

- Emitir certificados de aeronavegabilidade atestando aeronaves, produtos e processos aeronáuticos e oficinas de manutenção.
- Fiscalizar serviços aéreos e aeronaves civis.
- Certificar licenças e habilitações dos profissionais de aviação civil.
- Autorizar, regular e fiscalizar atividades de aeroclubes e escolas e cursos de aviação civil.
- Reprimir infrações às normas do setor, inclusive quanto aos direitos dos usuários, aplicando as sanções cabíveis.

A atuação da Anac está legalmente regulamentada pela Lei n. 11.182, de 27 de setembro de 2005 (Brasil, 2015), que criou a agência. Segundo essa lei,

> Art. 2º Compete à União, por intermédio da ANAC e nos termos das políticas estabelecidas pelos Poderes Executivo e Legislativo, regular e fiscalizar as atividades de aviação civil e de infraestrutura aeronáutica e aeroportuária.

Exercícios resolvido

Assinale a alternativa que apresenta a função da Anac relacionada ao Registro Aeronáutico Brasileiro (RAB):
a) Estabelecer.
b) Homologar.
c) Aplicar.
d) Administrar.
Gabarito: d

> **Feedback do exercício:** Cabe à Anac a função de administrar o RAB, definindo as condições para sua obtenção, bem como cassando o registro caso se faça necessário.

Como foi criada sob a condição de ser uma autarquia especial, a Anac apresenta independência administrativa, autonomia financeira, ausência de subordinação hierárquica e mandato fixo de seus dirigentes. Em uma tentativa de simplificar a estrutura aeroportuária no Brasil, enquanto a Infraero cuida das operações que estão em solo – portanto, dos aeroportos –, a Anac tem suas funções voltadas para o voo das aeronaves de passageiros e cargas.

Na qualidade de principal órgão que atua na regulamentação das operações aeroviárias no Brasil, a Anac tem um papel importante em cinco campos principais:

› normatização;
› certificação;
› fiscalização
› autorizações e concessões; e
› profissionais da aviação civil.

Em relação à normatização, é importante ressaltar que cabe à agência revisar, editar e publicar todos os regulamentos técnicos relacionados a aspectos econômicos que envolvam direta ou indiretamente a atividade da aviação civil no Brasil. Para isso, devem ser realizadas consultas e audiências públicas com o objetivo de ouvir a sociedade em geral sobre as determinações elaboradas pela agência. Ressalta-se, ainda, que todas as normas elaboradas e divulgadas pela Anac estão de acordo com as normas elaboradas pelos organismos internacionais que tenham a mesma função da agência em nível global. Portanto, em muitos casos, cabe à agência o papel de harmonizar as normas brasileiras com as normas internacionais da aviação civil.

> **Para saber mais**
>
> ANAC – Agência Nacional de Aviação Civil. **Normas publicadas pela agência**. Disponível em: <https://www.anac.gov.br/acesso-a-informacao/dados-abertos/areas-de-atuacao/regulamentacao/normas-publicadas-pela-agencia>. Acesso em: 16 ago. 2021.
>
> Para conhecer todas as normas publicadas pela Anac, recomenda-se que todos os profissionais que atuam ou visam atuar na área de gestão aeroportuária acessem o portal de normas e regulamentações elaboradas e divulgadas pela agência.

Sobre a certificação, é importante conceituar que a Anac é o órgão responsável por atestar o grau de confiança, bem como o atendimento a todos os requisitos estabelecidos nos regulamentos internacionais de aviação. A agência é responsável por certificar aviões e helicópteros, seus componentes, as oficinas de manutenção, as empresas aéreas, as escolas e os profissionais de aviação de todo o Brasil.

Em relação à atividade de fiscalização da aviação civil no Brasil, cabe à Anac:

> fiscalizar o funcionamento da aviação civil no país e assegurar níveis aceitáveis de segurança e de qualidade na prestação dos serviços aos passageiros, a ANAC realiza atividades de vigilância continuada e ações fiscais. Na

vigilância continuada, o acompanhamento sobre o desempenho de produtos, empresas, operações, processos e serviços e dos profissionais certificados se dá de forma planejada e constante. Nas ações fiscais, o foco da Agência é identificar e prevenir infrações aos regulamentos do setor e, em parceria com outros órgãos, a prática de atos ilegais. (Anac, 2021a)

Sobre as autorizações e as concessões que são de responsabilidade da Anac, é importante considerar que a agência deve autorizar o funcionamento de "companhias aéreas, empresas de táxi-aéreo ou de serviços especializados, escolas, oficinas, profissionais da aviação civil e operadores de aeródromos e aeroportos" (Anac, 2021a).

Dependendo da complexidade da operação avaliada pela Anac, ela pode emitir autorizações, permissões, outorgas e concessões. Todavia, caso a organização atue de forma irregular, a agência tem autonomia para cassar sua licença de funcionamento, ou, ainda, impedir que oferte os serviços que não estejam de acordo com as normas da agência (Anac, 2021a).

A Anac responsabiliza-se pela concessão de permissões e habilitações para os profissionais da aviação civil no Brasil. Assim, "Pilotos, comissários de bordo, despachantes operacionais de voo, mecânicos de manutenção, agentes de proteção à aviação civil e bombeiros de aeródromos" (Anac, 2021a) e outras funções que necessitam de certificação devem passar pelos processos elaborados pela Anac.

As funções desempenhadas pela Anac são dotadas de fundamental importância para a aviação civil, portanto, os profissionais que atuam no setor devem atentar a quaisquer informações, regulamentações ou normas publicadas pela agência com intuito de auxiliar na organização do setor no Brasil.

Além disso, a Anac tem uma agenda regulatória que abrange os principais aspectos da aviação civil. Nos Quadros 4.5 e 4.6, podemos verificar quais são as principais temáticas relacionadas a essa agenda e compreender suas características.

Quadro 4.5 – **Principais temas da agenda regulatória da Anac: temas em processo de regulamentação no biênio 2019-2020**

Título do Tema	O que é o Tema?
Remodelagem dos Serviços de Transporte Aéreo Público	Revisão dos requisitos dos serviços de transporte aéreo público outorgados e da base conceitual dos serviços aéreos públicos e dos arranjos comerciais viáveis ao mercado atual no Brasil.
Certificação e operação de grandes operadores particulares – RBAC 125	Edição do RBAC 125 para definir os requisitos para certificação e operação de grandes operadores privados, quando esses operadores passarão a ter um COA e EO, com requisitos de pessoal, treinamento, aeronavegabilidade, manutenção e registros semelhantes aos de uma empresa de transporte aéreo.
Requisitos de importação de aeronaves de construção amadora e aeronaves leve esportivas (ALE) usadas	Destina-se a revisar os requisitos de construção de aeronaves por amadores de forma a reforçar a aderência aos objetivos desta categoria e de seu caráter educativo. Também se propõe revisar os requisitos de importação das aeronaves de construção amadora e aeronaves leve esportivas (ALE) usadas visando ao fomento e fortalecimento da indústria aeronáutica nacional de aeronaves de pequeno porte que atenda aos padrões internacionais de segurança.
Projeto de aeródromos	Revisão das características físicas exigidas para a construção de aeródromo previstas no Regulamento Brasileiro de Aviação Civil n° 154 – projetos de aeródromos.

(continua)

(Quadro 4.5 – conclusão)

Título do Tema	O que é o Tema?
Critérios regulatórios quanto à implantação, operação e manutenção do Serviço de Prevenção, Salvamento e Combate a Incêndio em Aeródromos Civis (SESCINC)	Revisão dos requisitos de implantação, operação e manutenção do Serviço de Prevenção, Salvamento e Combate a Incêndio em Aeródromos Civis (SESCINC) constantes na Resolução n° 279, de 10 de julho de 2013, e sua incorporação ao RBAC n° 153, buscando resolver os problemas relacionados à pluralidade de regulamentos que tratam de requisitos de SREA/SESCINC para operadores de aeródromos; a ausência de critério objetivo referente à obrigatoriedade de disponibilização de "Serviços Especializados de Salvamento Aquático", incluindo exigências de equipamentos e embarcações que o compõem.
Envio de dados referentes ao VRA e dos índices de pontualidade, regularidade e eficiência operacional	Revisão dos atos normativos referentes: ao envio, ao prazo e ao conteúdo dos dados de voos realizados pelas empresas aéreas para a base do VRA; e ao cálculo dos índices de pontualidade, regularidade e eficiência operacional. Pretende-se avaliar a necessidade de alteração das informações enviadas, o formato e o prazo de envio, além de revisar os índices de desempenho operacional.
Contabilidade regulatória para aeroportos	Criação de uma Resolução para regulamentação da apresentação das informações contábeis a serem apresentadas pelo operador aeroportuário.
Transporte de artigos perigosos em aeronaves civis	A edição dos RBAC n° 175, 121 e 135, de forma conjunta, permitirá alinhamento dos regulamentos nacionais referentes a artigos perigosos aos padrões estabelecidos pela OACI.
Requisitos para concessão de Certificados Médicos Aeronáuticos, para o credenciamento de médicos e clínicas e para o convênio com entidades públicas	Rever no RBAC 67 os requisitos de exames psicológicos e psiquiátricos para concessão de Certificados Médicos Aeronáuticos, de credenciamento e recredenciamento de médicos e clínicas, e para convênio com entidades públicas, além de incluir a figura do médico cadastrado. Necessidade de implementação de um processo simplificado para cadastramento de médicos para atender a comunidade aerodesporto.
Novo regulamento para mecânicos de voo e comissários de voo	Atualizar o atual RBHA 63 para o novo RBAC 63, que trata sobre mecânicos de voo e comissários de voo. Necessidade de discussão no modelo de certificação atualmente adotado para o comissário de voo.

Fonte: Anac, 2018b, p. 1-4.

Quadro 4.6 – **Principais temas da agenda regulatória da Anac: temas em estudo no biênio 2019-2020**

Título do Tema	O que é o tema?
RAB – Registro Aeronáutico Brasileiro	Destina-se a atualizar os requisitos vigentes relativos ao registro aeronáutico brasileiro, por meio da revisão das Resoluções n° 293/2013 e n° 309/2014. Identificou-se a necessidade de atualização frente às novas legislações para documentos nato-digitais, bem como, promover a segurança jurídica e eficiência no registro de aeronaves e das garantias internacionais sobre bens aeronáuticos. Propõe-se também avaliar a efetividade da utilização da classificação de aeronaves em categorias de registro.
Requisitos de aeronavegabilidade aplicáveis a aeronaves operadas segundo o RBAC 121 e 135	Destina-se a simplificar o modelo de certificação e supervisão da capacidade de manutenção e readequar os requisitos técnicos aplicáveis a empresas aéreas operando sob os RBAC 121 e 135, como desdobramento do projeto prioritário de remodelagem de serviços aéreos. Propõe-se também a reavaliar o escopo de manutenção que é permitida de ser realizada pelos operadores regidos pelos RBAC 121 e 135, atualmente limitados à manutenção de linha.
[...]	[...]
Processo de certificação operacional de aeroportos	Revisão da aplicabilidade do processo de certificação operacional para aeroportos internacionais, dos requisitos exigidos para o processo; e as providências administrativas acautelatórias, consequências administrativas e sanções previstas na Emenda n° 05 ao RBAC n° 139 – Certificação Operacional de Aeroportos e das regras de transição dispostas na Resolução n° 371, de 15 de dezembro de 2015.
Efetividade dos planos de zoneamento de ruído na proteção do entorno dos aeródromos	Proposta de revisão do RBAC 161 para melhorar o índice de cumprimento normativo e a efetividade dos planos de zoneamento de ruído na proteção do entorno dos aeródromos. Mudar o caráter atual estritamente administrativo do plano de zoneamento de ruído, não prevendo ações frente à ocupação do entorno do aeródromo.
[...]	[...]
Inspeção de segurança da bagagem despachada doméstica	Implementação do procedimento de inspeção da bagagem despachada doméstica frente ao risco à segurança contra atos de interferência ilícita identificado pela ANAC.

Fonte: Anac, 2018b, p. 5-7.

A agenda regulatória divulgada pela Anac é uma importante ferramenta para que profissionais e organizações do setor aeroportuário saibam quais são as mudanças planejadas pela agência para os próximos anos.

4.4 Organização e gestão do espaço aéreo no Brasil

A organização do espaço aéreo no Brasil é realizada pelo Departamento de Controle do Espaço Aéreo (Decea), um órgão militar ligado ao Ministério da Defesa e subordinado ao Comando da Aeronáutica (Comaer), o que acaba por tornar ainda mais complexa a aviação civil no país. O Decea objetiva única e exclusivamente prover os serviços necessários para que pilotos e empresas possam voar em todo o país.

Para saber mais

CANAL DECEA. **Vídeo Institucional DECEA (PORT) - Versão Longa Antiga – 2016.** Disponível em: <https://www.youtube.com/watch?v=wn8-RUMzhmU>. Acesso em: 16 ago. 2021.

Esse vídeo apresenta um pouco mais sobre as especificidades dos serviços prestados pelo Decea ao país, detalhando sua organização, suas funções e seus meios de operação.

Cabe ao Decea gerir o Sistema de Controle do Espaço Aéreo Brasileiro (Sisceab), com outras 13 organizações responsáveis pela execução operacional das atividades que auxiliam no cumprimento de normas, metas e atribuições. Atualmente, o órgão está responsável pela gestão de 22 milhões de km^2 de espaço aéreo. Para cumprir sua missão, a organização investe em recursos humanos altamente especializados e também na compra e na operacionalização de tecnologia avançada para que seja possível atender às necessidades da aviação nacional. Segundo o *site* do próprio Decea (2021c), o órgão

> dispõe de uma estrutura física robusta e de instalações em mais de uma centena de municípios de todas as 27 unidades federativas brasileiras. Nas capitais, nos municípios de médio porte ou mesmo nas regiões mais remotas, cerca de 12 mil profissionais atuam, 24 horas por dia, 365 dias por ano, em meio a uma complexa rede operacional interconectada que compreende, além do órgão e suas 13 organizações subordinadas: 5 centros de controle de área, 42 controles de aproximação, 59 torres de controle de aeródromo, 79 destacamentos de controle do espaço aéreo, 90 estações de telecomunicações aeronáuticas, 75 Estações Prestadoras de Serviços de Telecomunicações e de Tráfego Aéreo, 170 radares, 50 Sistemas de Pouso por Instrumentos, dentre outros auxílios à navegação aérea.

Na Figura 4.2 estão esquematizados os valores que guiam o Decea no cumprimento das suas funções perante a sociedade brasileira.

Figura 4.2 – Valores que regem a atuação do Decea

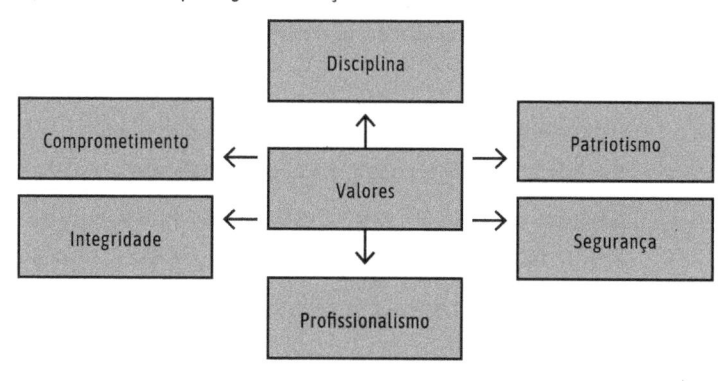

```
                    ┌─────────────┐
                    │  Disciplina │
                    └─────────────┘
                           ↑
┌──────────────────┐   ┌───────┐   ┌──────────────┐
│ Comprometimento  │ ← │Valores│ → │  Patriotismo │
└──────────────────┘   │       │   └──────────────┘
┌──────────────────┐   │       │   ┌──────────────┐
│   Integridade    │ ← │       │ → │   Segurança  │
└──────────────────┘   └───────┘   └──────────────┘
                           ↓
                    ┌─────────────────┐
                    │ Profissionalismo│
                    └─────────────────┘
```

As funções realizadas pelo Decea são muitas e estão todas relacionadas ao desempenho de sua missão de organizar o espaço aéreo no Brasil:

> I – gerenciar as atividades relacionadas com o controle do espaço aéreo, com a proteção ao voo, com o serviço de busca e salvamento e com as telecomunicações do COMAER, proporcionando, também, o apoio logístico e a segurança de sistemas de informação necessários à realização dessas atividades;
>
> II – estabelecer a ligação com órgãos externos ao COMAER, nos assuntos relativos à sua área de atuação;
>
> III – propor a política, elaborar programas e planos, bem como estabelecer normas, princípios e critérios pertinentes à sua área de atuação;
>
> IV – conceber, planejar, projetar, executar e fiscalizar a implantação de sistemas, equipamentos e infraestrutura específicos para as atividades de gerenciamento e controle do espaço aéreo brasileiro e de telecomunicações aeronáuticas do COMAER;

v – propor as necessidades de pesquisa e desenvolvimento, visando à racionalização do material necessário às suas atividades;

vi – procurar, selecionar e cadastrar as fontes logísticas, visando à mobilização, na sua área de atuação;

vii – apurar e julgar, por intermédio da Junta de Julgamento da Aeronáutica, as infrações das regras de tráfego aéreo cometidas por agente civil ou militar, previstas no Código Brasileiro de Aeronáutica (cba) e na legislação complementar, bem como adotar as providências administrativas que incluam o processamento, a cobrança de multas, a aplicação de penalidades e o reconhecimento dos respectivos recursos;

viii – processar a cobrança das Tarifas de Uso das Comunicações e dos Auxílios à Navegação Aérea e do Adicional Tarifário correspondente;

ix – homologar empresas para execução e/ou prestação de serviços relativos às suas atividades;

x – certificar produtos de interesse do Sistema de Controle do Espaço Aéreo Brasileiro (sisceab) para aplicação no controle do espaço aéreo brasileiro;

xi – gerenciar o sisceab, o Sistema de Telecomunicações do comaer (stca), o Sistema de Busca e Salvamento Aeronáutico (sissar) e o Sistema de Proteção ao Voo (spv). (Decea, 2021a)

Exercício resolvido

O Decea tem fundamental importância na organização do espaço aéreo brasileiro. Sem ele, é praticamente impossível que um voo ocorra corretaménte e sem nenhuma falha. Considerando o exposto, assinale a alternativa que apresenta a função do Decea que esteja relacionada a Tarifas de Uso das Comunicações e dos Auxílios à Navegação Aérea:
a) Pesquisar.
b) Cobrar.
c) Selecionar.
d) Apurar.

Gabarito: b

Feedback do exercício: Cabe ao Decea processar a cobrança das Tarifas de Uso das Comunicações e dos Auxílios à Navegação Aérea e do Adicional Tarifário correspondente.

Por seu tamanho e o volume de voos que ocorrem de forma simultânea no país, o espaço aéreo brasileiro necessita de uma robusta estrutura para ser controlado. Assim, a organização do Decea ocorre por meio de bases operacionais denominadas *Centros Integrados de Defesa Aérea e de Controle de Tráfego Aéreo* (Cindacta). Essa divisão auxilia no entendimento do espaço aéreo brasileiro; assim, pilotos e organizações devem estar atentos a sob qual desses centros eles estão voando ou deverão voar para que cumpram o itinerário do voo pretendido. A divisão ocorre da seguinte forma:

CINDACTA I (Brasília-DF) Responsável pela FIR [*Flight Information Region* – região de informação de voo] Brasília, que abrange a região central do Brasil.

> **CINDACTA II (Curitiba-PR)** Responsável pela FIR Curitiba, que abrange o sul e parte do centro-sul brasileiro.
>
> **CINDACTA III (Recife-PE)** Responsável pelas FIR Recife e Atlântico, que abrangem o Nordeste e área sobrejacente ao Atlântico
>
> **CINDACTA IV (Manaus-AM)** Responsável pela FIR Manaus, que se estende sobre grande parte da região amazônica. (Decea, 2021b, grifo do original)

Os Cindactas são responsáveis pela operação de controle do tráfego aéreo civil e militar, razão por que são vistos como: "Uma solução bem-sucedida de integração que vem sendo recomendada pela Organização de Aviação Civil Internacional (órgão da ONU regulador da atividade) aos demais países signatários, como modelo de economia de meios e segurança operacional" (Decea, 2021b).

O Decea tem diante de si o enorme desafio de organizar o espaço aéreo brasileiro – tarefa realizada, até então, com uma enorme qualidade. Os investimentos na contratação, no treinamento de recursos humanos e no desenvolvimento da mais alta tecnologia têm auxiliado a instituição a cumprir seus objetivos e atender às necessidades de organização do sistema aéreo nacional. Aos profissionais do setor aeroportuário resta a tarefa de conhecer o Decea, as expectativas sobre suas tarefas e como elas influenciam a gestão de aeroportos em todo o Brasil.

Síntese

> A Empresa Brasileira de Infraestrutura Aeroportuária (Infraero) tem papel fundamental na organização do sistema de aeroportos brasileiros.

> O processo de desestatização que se encontra em curso tem causado muitas reflexões em toda a sociedade. Por isso, deve ser realizado com calma, buscando os melhores resultados para os usuários e para toda a sociedade.

> A Agência Nacional de Aviação Civil (ANAC) tem diante de si uma série de responsabilidades para ajudar no processo de fiscalização e certificação de profissionais e organizações que atuam ou visam atuar na aviação civil brasileira.

> O Departamento de Controle do Espaço Aéreo (Decea) é responsável por garantir a segurança do transporte aéreo de passageiros e cargas e das operações militares que se realizam no espaço aéreo nacional.

5

Principais riscos e vulnerabilidades das atividades de portos e aeroportos

Conteúdos do capítulo:

> Riscos, vulnerabilidades e condições adversas na gestão de portos e aeroportos.
> Normas regulamentadoras (NRs) das atividades laborais em portos e aeroportos.
> Principais riscos no transporte de mercadorias e bagagens em portos e aeroportos.
> Principais normas das operações portuárias e aeroportuárias que visam à mitigação de riscos.
> Condições mínimas de segurança para a operação de portos e aeroportos no Brasil e no mundo.

Após o estudo deste capítulo, você será capaz de:

1. identificar as principais NRs de segurança que devem ser implementadas nas atividades de portos e aeroportos no Brasil;
2. identificar os principais riscos aos quais trabalhadores de portos e aeroportos estão expostos;
3. compreender os mecanismos existentes para que as operações de portos e aeroportos possam ocorrer sem grandes riscos e dentro das normas internacionais de segurança;
4. detalhar como os gestores devem atuar para impedir que eventuais vulnerabilidades possam afetar as operações de portos e aeroportos no Brasil e no mundo.

As organizações portuárias e aeroportuárias apresentam grandes especificidades, de modo que cabe aos gestores compreenderem essas características para atenderem às necessidades desse tipo de negócio, considerando também os colaboradores e sua rede de parceiros.

Entre as principais características da gestão portos e aeroportos, está o fato de que essas organizações lidam com muitos riscos inerentes à suas atividades. Com isso, os gestores devem estar preparados para evitar qualquer anomalia que possa acarretar danos. Operações de portos e aeroportos envolvem sempre uma grande quantidade de pessoas: passageiros transportados, colaboradores que atuam diretamente nos espaços, ou, ainda, pessoas que trabalham e habitam nas proximidades. Com isso, é natural que qualquer tipo de risco deva ser mitigado para garantir a segurança desses indivíduos e das atividades realizadas.

O fato de lidarem a todo momento com inúmeros tipos de mercadorias contribui ainda para que as atividades portuárias e aeroportuárias sejam dotadas de vulnerabilidades. Considere, por exemplo, que dentro de um porto ou aeroporto podem ser transportados objetos cortantes, equipamentos que produzem faíscas em seu funcionamento, grandes quantidades de combustíveis, grandes equipamentos utilizados para movimentação de cargas e passageiros, além de grandes navios e aviões que, por si só, impõem vários riscos em suas operações.

As condições climáticas também podem provocar falhas e aumento das vulnerabilidades de portos e aeroportos, portanto, faz-se necessário, sempre que possível, investir em mecanismos capazes de proporcionar a correta previsão do tempo. Também é preciso que muitas das operações sejam suspensas quando não se tiver absoluta certeza sobre quais riscos podem afetá-las.

Neste capítulo, as vulnerabilidades das operações de portos e aeroportos serão tratadas com maior profundidade. Apresentaremos inúmeros conceitos fundamentais para compreendê-las. Por razões didáticas, os riscos e as vulnerabilidades serão apresentados considerando os seguintes aspectos: os riscos ocupacionais gerados pelos profissionais que atuam nas organizações; os tipos de carga e os riscos que envolvem seu transporte; os riscos e as vulnerabilidades presentes nas atividades de portos e aeroportos.

5.1 Os riscos para os trabalhadores de portos e aeroportos e as normas de segurança

Os profissionais que atuam para fazer com que portos e aeroportos funcionem são importantes ativos dessas organizações. Desse modo, é natural que os gestores façam todo esforço necessário para a proteção desses profissionais no desempenho de suas atividades. Além de serem considerados importantes ativos das organizações, lidar com trabalhadores é lidar com vidas, portanto, tudo o que for necessário para a proteção dessas vidas deve ser realizado pelas organizações e por seus gestores.

Figura 5.1 – *Acidente com operação de navio*

tkyszk/Shutterstock

As atividades de portos e aeroportos, naturalmente, dadas suas especificidades, implicam uma série de riscos às atividades dos profissionais que nelas atuam, demandando atenção dos envolvidos. Cabe, então, a todos os gestores, compreender o que são riscos ocupacionais e como estes afetam o desenvolvimento das operações das organizações. Segundo Barsano e Barbosa (2014, p. 21):

> Os riscos ocupacionais têm origem nas mais diversas atividades laborativas praticadas pelo obreiro (trabalhador), como executor de alguma ocupação/profissão nos dias de hoje, principalmente nas atividades insalubres e perigosas, cuja [sic] natureza, condições ou métodos de trabalho implicam algum mal a sua integridade física e psíquica. Muitos estudiosos dessa área tentam "dar nomes aos bois", uns afirmando que riscos e perigos são palavras sinônimas, outros diferenciando-os para fins técnicos e didáticos. Seguindo o conceito da doutrina dominante da área,

podemos afirmar que o perigo é a concretização de um evento indesejado, prejudicial à integridade física, psíquica ou ao patrimônio; e o risco, por sua vez, é a probabilidade de ocorrência, de concretização desse determinado evento indesejado (perigo).

As atividades de todas as organizações apresentam riscos, tal que todos os gestores devem estar atentos à exposição de seus funcionários a eles (Anac, 2018b). No Quadro 5.1, apresentamos os principais riscos que podem ocorrer no desenvolvimento das atividades laborais de modo geral.

Quadro 5.1 – *Principais riscos provenientes das atividades laborais*

Riscos de acidentes	Arranjo físico inadequado
	Máquinas e equipamentos sem proteção
	Ferramentas inadequadas ou defeituosas
	Iluminação inadequada
	Eletricidade
	Probabilidade de incêndio ou explosão
	Animais peçonhentos
	Armazenamento inadequado
	Procedimentos de segurança no trabalho
Riscos químicos	Envolve o contado do trabalhador com produtos químicos
Riscos físicos	Ruídos
	Frio
	Calor
	Vibrações
	Medidas de controle
	Pressões anormais
	Radiações
Riscos biológicos	Envolve o contado do trabalhador com agentes biológicos
Riscos ergonômicos	Ocorrem pelo uso inadequado de máquinas, equipamentos e mobiliários

As atividades de portos e aeroportos, por sua natureza, oportunizam o surgimento de todos os riscos apresentados no Quadro 5.1 para os trabalhadores em suas atividades.

Nesse sentido, compete aos gestores a minimização de todos esses riscos.

Em relação à especificidade dos riscos de acidentes de trabalho, é importante considerar que, em relação às organizações portuárias e aeroportuárias, estes devem ser dimensionados para impedir que os trabalhadores se machuquem ou sofram com algum tipo de transtorno.

Primeiramente, é importante conceituar adequadamente os riscos de acidentes. De acordo com Barsano e Barbosa (2014, p. 22), esses riscos são

> também conhecidos por riscos mecânicos, são todos os fatores que colocam em perigo o trabalhador ou afetam sua integridade física ou moral durante o expediente laboral. Um corte ou uma escoriação em alguma parte do seu corpo, queimaduras e choques elétricos são alguns dos acidentes com origens mecânicas que, quando não ceifam a vida do trabalhador, podem fazê-lo perder um membro e até trazer desconfortos morais e psíquicos.

O processo de reconhecimento de acidentes de trabalho é realizado por meio da Portaria n. 25, de 29 de dezembro de 1994 (Brasil, 1994), da Secretaria de Segurança e Saúde no Trabalho (SSST), que esclarece como as organizações lidam com os riscos em seu ambiente de trabalho. Entre as normativas impostas por essa portaria para contratantes, está a necessidade de elaboração de um Programa de Prevenção de Riscos Ambientais (PPRA), que compreende informações relacionadas às atividades desenvolvidas e seus principais riscos para os trabalhadores.

O que é?

O **Programa de Prevenção de Riscos Ambientais** (PPRA) é um plano elaborado pelas organizações com vistas à preservação da saúde e à integridade de todos os trabalhadores. Entre suas funções estão a antecipação, o reconhecimento, a avaliação e o aumento do controle da ocorrência de riscos ambientais existentes ou que possam existir no ambiente laboral, considerando a proteção do meio ambiente e dos recursos naturais.

As organizações devem elaborar, dentro de sua estrutura, um mapa de risco das atividades laborais. Nele, todas as atividades desempenhadas devem ser descritas e classificadas, de modo a expor quais apresentam maiores e menores graus de risco à saúde do trabalhador. O mapa de risco de uma organização portuária ou aeroportuária deve:

a. reunir as informações necessárias para estabelecer o diagnóstico da situação de segurança e saúde no trabalho na empresa

b. possibilitar, durante a sua elaboração, a troca e divulgação de informações entre os trabalhadores, bem como estimular sua participação nas atividades de prevenção. (Brasil, 1994)

A elaboração do mapa de riscos das organizações deve considerar as seguintes etapas:

› **Conhecimento dos processos de trabalho nas atividades que serão analisadas**: Nesta fase, é importante que se conheça o ambiente onde as atividades são desenvolvidas, bem como devem ser expostos o número e as características dos trabalhadores, como sexo, idade e se receberam ou não treinamento adequado para as funções que desempenham.

> **Identificação dos riscos existentes no local que se está analisando**: Nesta etapa, é importante que todos os riscos sejam classificados de acordo com o Quadro 5.2 a seguir. Essas informações são oficiais, portanto, os gestores portuários e aeroportuários não podem deixar de classificá-las dessa forma.

Quadro 5.2 – *Classificação de riscos segundo a Portaria n. 25/1994 da SSST*

Grupo 1 Verde	Grupo 2 Vermelho	Grupo 3 Marrom	Grupo 4 Amarelo	Grupo 5 Azul
Riscos Físicos	Riscos Químicos	Riscos Biológicos	Riscos de Ergonômicos	Acidentes
Ruídos	Poeiras	Vírus	Esforço físico intenso	Arranjo físico inadequado
Vibrações	Fumos	Bactérias	Levantamento e transporte manual de peso	Máquinas e equipamentos sem proteção
Radiações ionizantes	Névoas	Protozoários	Exigência de postura inadequada	Ferramentas inadequadas ou defeituosas
Radiações não ionizantes	Neblinas	Fungos	Controle rígido de produtividade	Iluminação inadequada
Frio	Gases	Parasitas	Imposição de ritmos excessivos	Eletricidade
Calor	Vapores		Trabalho em turno e noturno	Probabilidade de incêndio ou explosão
Pressões anormais	Substâncias, compostas ou produtos químicos em geral	Bacilos	Jornadas de trabalho prolongadas	Armazenamento inadequado
			Monotonia e repetitividade	Animais peçonhentos
Umidade			Outras situações causadoras de stress físico e/ou psíquico	Outras situações de risco que poderão contribuir para a ocorrência de acidentes

Fonte: Brasil, 1994.

- **Identificação das medidas preventivas existentes**.
- **Observação de sua eficácia**: Nesta etapa, devem ser descritas as medidas adotadas pelas organizações no que tange à ação coletiva dos seus trabalhadores, bem como ser expostas as ações relacionadas à organização do trabalho, à proteção individual e coletiva e ao conforto dos trabalhadores.
- **Identificação dos principais indicadores de saúde**: Nesta fase, há o levantamento das reclamações mais frequentes dos trabalhadores acerca das atividades que desempenham. Também são identificados os principais tipos de acidente que podem ocorrer nas atividades das organizações, bem como as principais doenças ocupacionais que surgem no desempenho das atividades laborais.
- **Levantamento ambiental**: Nesta fase, são elencadas as condições ambientais da organização e como cada uma pode impactar no aumento ou na diminuição dos riscos dentro da empresa.
- **Elaboração do mapa de riscos**: Nesta fase, o mapa de risco é efetivamente elaborado pelos colaboradores da organização. Com isso, é possível à empresa atender às necessidades que o regulamento estabelece. É importante que o mapa de risco elaborado pela organização atenda aos seguintes requisitos: o número de trabalhadores expostos ao risco, a especificação do agente e a intensidade do risco, de acordo com a percepção dos trabalhadores.

> **Para saber mais**
>
> BRASIL. Ministério do Trabalho. Secretaria de Segurança e Saúde no Trabalho. Portaria n. 25, de 29 de dezembro de 1994. **Diário Oficial da União**, Brasília, DF, 30 dez. 1994. Disponível em: <https://www.legisweb.com.br/legislacao/?id=181316 >. Acesso em: 16 ago. 2021.
>
> A Portaria n. 25/1994, da SSST, é o principal documento regulador do processo elaboração do mapa de risco de qualquer organização, devendo, portanto, ser seguida por todos os gestores.

O processo de elaboração do mapa de risco dentro das organizações portuárias e aeroportuárias é essencial. Esse mapa deve ficar visível dentro dos espaços de trabalho, de modo que seja acessível para todos os colaboradores. A Figura 5.2, a seguir, consiste em um exemplo de mapa de risco.

Figura 5.2 – *Modelo de mapa de risco das atividades laborais*

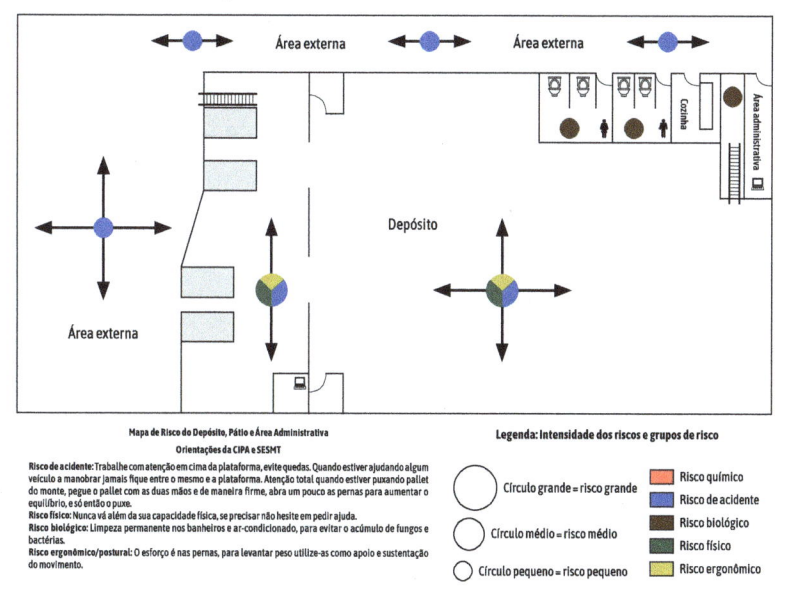

Fonte: Waldhelm Neto, 2021.

Os riscos de acidente laboral são um dos principais motivos para a interrupção no desenvolvimento das atividades em portos e aeroportos. Desse modo, os procedimentos de segurança no ambiente de trabalho devem ser realizados com o máximo de eficiência e eficácia.

Perguntas & respostas

Quais são os principais riscos relacionados a acidentes laborais?
Entre os principais riscos relacionados a acidentes laborais estão o uso de máquinas e aparelhos sem o devido uso dos equipamentos de segurança e o uso ou manuseio de ferramentas de forma inadequada. Por essa razão, é necessário que os trabalhadores recebam o treinamento adequado para que possam utilizar suas ferramentas de trabalho da melhor forma possível.

Os riscos de incêndio e explosão são iminentes nas atividades portuárias e aeroportuárias, principalmente em razão da grande concentração de mercadorias inflamáveis. Segundo Barsano e Barbosa (2014, p. 23), esse tipo de risco

> refere-se a áreas com armazenamento inadequado de inflamáveis e/ou gases, manipulação e transporte inadequado de produtos inflamáveis e perigosos e sobrecarga em rede elétrica, bem como à falta de sinalização, falta de equipamentos de combate a incêndios (extintores e hidrantes) ou equipamentos defeituosos, falta de brigada de incêndio, falta de treinamentos e simulados contra incêndios.

Infelizmente, devido a suas especificidades, o risco de incêndios é cada vez mais frequente nas atividades portuárias e aeroportuárias. No dia 4 de agosto do ano de 2020, houve uma grande explosão na região portuária de Beirute, no Líbano. De acordo com Nakhoul e Nader (2020): "A agência de notícias estatal libanesa NNA e duas fontes da área de segurança disseram que a explosão ocorreu na área portuária onde existem armazéns que abrigam explosivos. Não ficou claro de imediato o que causou a explosão ou que tipo de explosivos estavam nos armazéns".

Em razão da repercussão na mídia mundial e do número de mortes, esse acontecimento acabou impondo aos gestores portuários uma maior responsabilidade em relação ao tratamento de cargas perigosas.

Para saber mais

CNN BRASIL. **Breaking News**: Explosões no porto de Beirute, no Líbano, deixam ao menos 10 mortos. 2020. Disponível em: <https://www.youtube.com/watch?v=9N9KR8NZATc>. Acesso em: 16 ago. 2021.

Essa reportagem expõe detalhes sobre o acidente ocorrido no porto de Beirute, no Líbano, que chocou o mundo todo. Registraram-se mais de setenta mortes e as imagens do acidente foram divulgadas internacionalmente. O armazenamento de mercadorias inflamáveis é comum no mundo todo, entretanto, é esperado que as medidas de segurança sejam cumpridas para garantir a segurança de todos os envolvidos nessa atividade.

"O mau armazenamento de caixas nas prateleiras, estantes de armazenamento mal posicionadas, falta de sinalização, mau uso de empilhadeiras durante o processo de armazenagem, andaimes mal posicionados" (Barsano; Barbosa, 2014, p. 25) são fatores que podem ocasionar inúmeros problemas e acidentes. Considerando os riscos envolvidos, faz-se necessário que a grande maioria dos trabalhadores portuários e aeroportuários utilizem equipamentos de segurança no desenvolvimento de suas atividades (Figuras 5.3 e 5.4), os quais garantem a integridade desses profissionais.

Figura 5.3 – *Trabalhadores portuários com coletes de identificação e capacetes*

Onchira Wongsiri/Shutterstock

Figura 5.4 – *Trabalhadores aeroportuários com coletes de identificação e roupa com proteção*

Olena Yakobchuk/Shutterstock

O uso de equipamentos de proteção individual (EPIs) é a principal forma de evitar acidentes no desenvolvimento das atividades portuárias e aeroportuárias. O Quadro 5.3 lista e categoriza esses equipamentos.

Quadro 5.3 – *Principais tipos de Equipamentos de Proteção Individual (EPIs) utilizados nas atividades portuárias e aeroportuárias*

Tipo de proteção	Tipo de EPI
Proteção auditiva	Abafadores de ruídos ou protetores auriculares
Proteção respiratória	Máscaras e filtros
Proteção visual e facial	Óculos e viseiras
Proteção da cabeça	Capacetes
Proteção de mãos e braços	Luvas e mangotes
Proteção de pernas e pés	Sapatos, botas e botinas
Proteção contra quedas	Cintos de segurança e cinturões

Os gestores de portos e aeroportos devem fornecer todos os EPIs aos trabalhadores. Todavia, é preciso atuar também na garantia de que os trabalhadores utilizem os equipamentos, por isso, eles devem ser treinados e capacitados.

A Figura 5.5 esquematiza os tipos de capacitação e treinamento necessários para que os trabalhadores aprendam a utilizar os EPIs.

Figura 5.5 – *Tipos de capacitação que devem ser ofertadas aos trabalhadores para minimizar riscos*

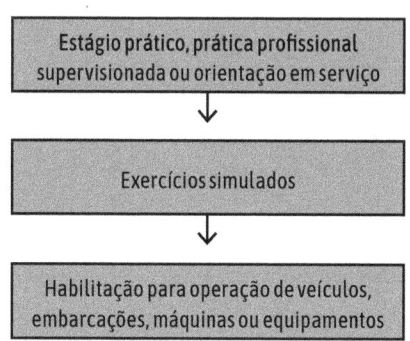

Estágio prático, prática profissional supervisionada ou orientação em serviço
↓
Exercícios simulados
↓
Habilitação para operação de veículos, embarcações, máquinas ou equipamentos

Em uma organização, a fim de que sejam mitigados, os riscos devem ser analisados em alguns momentos:

> - antes do início do funcionamento da organização ou de suas novas instalações;
> - sempre que necessário, nas atividades existentes;
> - ao longo das mudanças e na introdução de novos processos ou atividades de trabalho.

A Portaria n. 6.730, de 9 de março de 2020, lista alguns dos principais conceitos e termos que devem ser dominados pelos gestores de portos e aeroportos no tangente aos riscos e perigos das atividades laborais:

> Agente biológico: Microrganismos, parasitas ou materiais originados de organismos que, em função de sua natureza e do tipo de exposição, são capazes de acarretar lesão ou agravo à saúde do trabalhador. Exemplos: bactéria Bacillus anthracis, vírus linfotrópico da célula T humana, príon agente de doença de Creutzfeldt-Jakob, fungo Coccidioides immitis.
>
> Agente físico: Qualquer forma de energia que, em função de sua natureza, intensidade e exposição, é capaz de causar lesão ou agravo à saúde do trabalhador. Exemplos: ruído, vibrações, pressões anormais, temperaturas extremas, radiações ionizantes, radiações não ionizantes.
>
> [...]
>
> Agente químico: Substância química, por si só ou em misturas, quer seja em seu estado natural, quer seja produzida, utilizada ou gerada no processo de trabalho, que em função de sua natureza, concentração e exposição, é capaz de

causar lesão ou agravo à saúde do trabalhador. Exemplos: fumos de cádmio, poeira mineral contendo sílica cristalina, vapores de tolueno, névoas de ácido sulfúrico.

[...]

Evento perigoso: Ocorrência ou acontecimento com o potencial de causar lesões ou agravos à saúde.

[...]

Perigo ou fator de risco ocupacional/Perigo ou fonte de risco ocupacional: Fonte com o potencial de causar lesões ou agravos à saúde. Elemento que isoladamente ou em combinação com outros tem o potencial intrínseco de dar origem a lesões ou agravos à saúde.

Prevenção: o conjunto das disposições ou medidas tomadas ou previstas em todas as fases da atividade da organização, visando evitar, eliminar, minimizar ou controlar os riscos ocupacionais.

Responsável técnico pela capacitação: profissional legalmente habilitado ou trabalhador qualificado, conforme disposto em NR específica, responsável pela elaboração das capacitações e treinamentos.

Risco ocupacional: Combinação da probabilidade de ocorrer lesão ou agravo à saúde causados por um evento perigoso, exposição a agente nocivo ou exigência da atividade de trabalho e da severidade dessa lesão ou agravo à saúde.
(Brasil, 2020)

Considerando que as atividades portuárias implicam vários riscos, é importante considerar que os trabalhadores correm alguns perigos no desempenho de suas funções. Nesse sentido, proteger os trabalhadores, impedindo que eles desempenhem funções que coloquem suas vidas em risco ou, ainda, garantir que, em situações de risco, eles tenham toda a segurança necessária, são algumas das principais tarefas dos gestores de organizações portuárias. A vida e o bem-estar dos trabalhadores portuários devem ser uma máxima perseguida por todas as organizações do setor.

Exercício resolvido

Em qual grupo de riscos estão inseridos os ruídos altos no ambiente de trabalho?
  a) Riscos químicos.
  b) Riscos de estresse.
  c) Riscos biológicos.
  d) Riscos físicos.

Gabarito: d

Feedback do exercício: Os riscos físicos são aqueles relacionados à existência de atividades que prejudicam o trabalhador em algum de seus sentidos. Sendo assim, os ruídos são um tipo de risco físico.

Em organizações portuárias, geralmente são elaborados manuais que descrevem as funções e também expõem os riscos de cada uma delas. Com isso, visa-se construir indicadores que permitam garantir maior segurança aos trabalhadores portuários. Esses manuais são de fundamental importância para que os trabalhadores possam executar suas funções com o menor risco possível, além de orientá-los sobre como deve ocorrer o socorro no caso de algum acidente (Brasil, 2005).

Geralmente, os manuais das empresas portuárias apresentam diretrizes constantes nas seguintes Normas Regulamentadoras (NRs):

> **NR-07**: Apresenta o Programa de Controle Médico de Saúde Ocupacional (PCMSO) e trata da obrigatoriedade, da elaboração e da implementação deste nas atividades das organizações portuárias. Essa norma, entre outras ações, prega que cabe à empresa contratante da mão de obra para prestação de serviços informar e calcular os riscos existentes, bem como apresentar medidas de segurança em todos os locais que essa mão de obra for atuar. O PCMSO é a parte mais ampla de todas as iniciativas elaboradas pela organização no campo da saúde dos trabalhadores. Ele atua para proteger os trabalhadores tanto de forma individual quanto em sua coletividade – portanto, sua atuação é ampla e irrestrita. É importante considerar também que cabe à organização custear, sem nenhum tipo de ônus para o empregado, todos os procedimentos relacionados ao PCMSO. A organização também deve indicar um médico, especialista em medicina do trabalho, para coordenar as atividades realizadas no âmbito do seu PCMSO. Em caso de a organização localizar-se em uma região onde não há um profissional especialista em medicina do trabalho, ela pode contratar médicos com outras especialidades. O PCMSO deve incluir no rol de ações das organizações os seguintes exames médicos para todos os colaboradores: admissional, periódico, de retorno ao trabalho, de mudança de função e demissional.

> **NR-09 – PPRA**: Dita as regras e os regulamentos voltados à criação, à elaboração e à implementação do PPRA da organização. Entre as funções do PPRA, estão a preservação da saúde e da integridade de todos os trabalhadores que atuam na organização nas mais diferentes funções e setores e o reconhecimento, a avaliação e o controle da ocorrência ou da possibilidade de ocorrência de riscos ambientais no ambiente de trabalho ou no desempenho da função do trabalhador. Ainda compete ao PPRA elaborar ações para atuar na proteção do meio ambiente e dos recursos naturais relacionados ao desempenho das funções da organização.

> **NR-29**: É a Norma Regulamentadora de Segurança e Saúde no Trabalho Portuário, que objetiva regular a proteção contra acidentes e doenças no ambiente de trabalho. Ela busca facilitar também os primeiros socorros durante algum acidente que os trabalhadores venham sofrer no desempenho de suas funções.

Dados os riscos percebidos no desenvolvimento das atividades portuárias, é importante considerar ainda que estes podem provocar inúmeras doenças nos trabalhadores, conhecidas como *doenças ocupacionais*. As doenças ocupacionais dos trabalhadores portuários são assunto de grande importância para os gestores portuários, pois trabalhadores doentes acabam causando grandes prejuízos às organizações. Para além do prejuízo causado, as organizações devem buscar, sempre que possível, realizar todos os investimentos necessários para impedir que doenças se proliferem entre seus trabalhadores. Mais do que prevenir prejuízos, essa é uma questão de responsabilidade das organizações.

Primeiro, é importante definir que, entre todas as funções e profissionais que atuam na atividade portuária, alguns têm chances maiores de desenvolverem doenças ocupacionais, já que suas funções são mais arriscadas. Entre esses trabalhadores mais vulneráveis estão os que atuam na capatazia, na estiva, na conferência e no conserto de carga, na vigilância de embarcações, além dos trabalhadores em bloco. Geralmente, esses profissionais têm a saúde mais prejudicada por estarem expostos a riscos no desempenho de suas funções. Entre os riscos identificados na atividade portuária estão os seguintes: excesso de ruídos; vibrações de corpo inteiro; intempéries, pois a maioria trabalha em ambientes abertos sob forte sol ou chuva; contato com substâncias químicas transportadas; levantamento manual de grandes volumes de carga; e utilização de ferramentas inadequadas no desenvolvimento de suas atividades. Os riscos são muitos, portanto, a chance desses trabalhadores desenvolverem doenças ocupacionais também são grandes.

Além dos riscos inerentes às atividades desenvolvidas, os trabalhadores portuários ainda podem ter os riscos de sua profissão majorados se efetuarem o consumo de substâncias como álcool ou drogas ilícitas. Considerando que, nas cidades portuárias, por conta da presença de estrangeiros, há um favorecimento ao consumo de drogas, isso pode acabar influenciando na saúde do trabalhador de organizações portuárias.

De acordo com a Classificação dos Grupos de Doenças Relacionadas ao Trabalho, há 14 grupos de doenças ocupacionais que trabalhadores podem desenvolver. Em relação ao trabalhador portuário e, de acordo com pesquisas, dez desses grupos são mais comuns, sendo quatro deles em maior grau. Os gestores portuários, de posse dessas informações, têm a oportunidade de criar campanhas de saúde capazes de prevenir essas doenças e garantir melhores condições de saúde aos trabalhadores.

Entre as doenças mais frequentes entre os trabalhadores portuários, destacam-se os grupos de doenças relacionadas aos sistemas osteomuscular, circulatório e respiratório e os transtornos mentais e de comportamento.

Em relação às doenças efetivamente, temos, no grupo das doenças ligadas ao sistema osteomuscular, as lombalgias, relacionadas ao transporte de cargas pesadas pelos trabalhadores portuários. Quanto ao grupo de doenças do sistema circulatório, as relacionadas à hipertensão arterial sistêmica têm maior chance de serem desenvolvidas pelos trabalhadores portuários. Entre as doenças do sistema respiratório, podemos listar a bronquite e a asma. Já quando abordados o grupo dos transtornos mentais, os episódios depressivos acometem com relativa frequencia os trabalhadores portuários.

Além das doenças claramente ocasionadas pelas condições de trabalho, os profissionais que atuam na atividade portuária desenvolvem outras doenças, que podem ou não estar relacionadas a seu ambiente de trabalho. Destacam-se, aqui, algumas doenças levantadas pelo Ministério da Saúde: obesidade; registro de níveis de colesterol acima do indicado; diabetes; distúrbios endócrinos, nutricionais e metabólicos; disacusia (estado mórbido em que certos sons produzem distúrbio da audição, dor ou mal-estar), que se apresenta mais costumeiramente como doenças do ouvido; lombociatalgia (que se apresenta como doença lombar); doenças relacionadas à visão e dores nos olhos.

Aos gestores portuários ou qualquer um que venha atuar no setor, cabe o máximo empenho para criar campanhas de saúde a fim de que os trabalhadores possam tratar essas doenças e gozar de boas condições de trabalho. Oferecer ambientes em boas condições de salubridade, onde os profissionais tenham todos os riscos de desenvolver sua atividade minimizados, é algo que deve ser perseguido pelas organizações e pelos gestores portuários.

Como forma de minimizar os riscos das atividades portuárias no Brasil, um benefício foi concedido pelo governo. As condições de trabalho do trabalhador portuário garantem a ele uma aposentadoria especial. Esse tipo de informação é importante, um vez que é utilizada pelas organizações portuárias para atrair trabalhadores.

A primeira informação que deve ser compreendida é o fato de que a aposentadoria especial é um benefício concedido pelo sistema previdenciário brasileiro com o intuito de recompensar trabalhadores e trabalhadoras por desempenhar funções que os exponham a riscos frequentes de saúde ou mesmo de vida (Brasil, 2013). Entre os agentes nocivos que podem ser considerados no momento de pleitear a aposentadoria especial estão os agentes químicos, físicos e biológicos.

É importante frisar que muitas funções e empregos expõem os colaboradores a um contato com agentes nocivos, entretanto, somente têm condições de pleitear aposentadoria especial os trabalhadores que sejam expostos a estes em níveis superiores ao permitidos pela legislação.

Os trabalhadores portuários que sejam vinculados ao Instituto Nacional de Seguridade Social (INSS) e estejam enquadrados na condição de trabalhador avulso e contribuinte obrigatório têm o direito a pleitear a aposentadoria especial (Brasil, 2013). Entretanto, devem, no momento em que realizarem a solicitação dessa aposentadoria, comprovar as condições legais que lhes dão direito a ela. Por conta disso, gestores portuários devem, sempre que possível, orientar os trabalhadores da necessidade de guardar as documentações pertinentes para quando forem solicitar a aposentadoria.

Ao tratarmos da aposentadoria especial para o trabalhador portuário, torna-se necessário apresentar quais são suas principais vantagens em relação aos outros tipos. A primeira vantagem, e talvez a mais importante de todas, é que o tempo para solicitação da aposentadoria é menor se comparado ao normal. Esse requisito tem forte relação com o nível de exposição dos trabalhadores aos riscos em suas atividades. Nesse caso, convencionou-se a aposentadoria especial pode ser requisitada com 25 anos de contribuição (Brasil, 2013).

Um segundo ponto de suma importância para o trabalhador portuário em relação à aposentadoria especial trata-se da questão do fator previdenciário, isto é, a métrica utilizada pelo INSS para definir os valores das aposentadorias pagas aos trabalhadores. Geralmente, a aplicação do fator previdenciário acaba diminuindo o valor que será pago, todavia, no caso dos trabalhadores portuários, ele não é aplicado, portanto, será utilizado para diminuir os valores que serão recebidos.

Após a reforma da previdência de 2019, ficou convencionado que os trabalhadores portuários terão os valores de suas aposentadorias calculados da seguinte forma: o trabalhador aposentado recebe 60% de sua média salarial se tiver 20 anos de contribuição; já a trabalhadora aposentada recebe 60% de sua média salarial se tiver 15 anos de contribuição (Brasil,

2019a). Serão acrescidos 2% por ano de contribuição até que o valor da aposentadoria atinja o 100% que o trabalhador teria direito. Em relação à idade mínima, ficou convencionado, a partir da reforma, que a idade mínima para a aposentadoria também seria de 60 anos para os trabalhadores portuários – no caso, trata-se da mesma idade solicitada para outras categorias (Brasil, 2019a).

De acordo com a Lei n. 12.815, de 5 de junho de 2013 (Brasil, 2013), as principais atividades do setor portuário com direito à aposentadoria especial são:

› os estivadores, isto é, os responsáveis por movimentar as mercadorias e as cargas dos navios à área terrestre dos portos;
› o arrumador de cargas, ou trabalhador de capatazia, que exerce as funções de conferente das cargas ou monitoramento da circulação das mercadorias na área portuária;
› os profissionais responsáveis pelas atividades de limpeza e/ou conservação das embarcações;
› os profissionais responsáveis por vigiarem as embarcações e realizarem a fiscalização de entrada e saída de pessoas a bordo.

Todos os trabalhadores que atuam em portos e aeroportos devem ser instruídos para resguardar, primeiramente, sua segurança física e, em segundo plano, a segurança das instalações e do ambiente como um todo. O movimento de milhões de reais em mercadorias, o manuseio de máquinas e equipamentos com inúmeras especificações técnicas e o trato com grandes estruturas de transporte – como guinchos, guindastes, navios e aviões – tornam essas atividades ainda mais complexas para trabalhadores, gestores e todas as organizações do setor. O governo, em especial o Governo Federal, tem papel fundamental na fiscalização das atividades e na segurança dos gestores dessas organizações.

5.2 A Organização Internacional do Trabalho e o trabalhador portuário

A Organização Internacional do Trabalho (OIT), entidade de abrangência internacional, tem como principal função elaborar regras para regular as relações de trabalho em todos os países signatários de seus acordos. Essa entidade surgiu nas primeiras décadas do século XX e ganhou influência ao longo dos anos, sendo responsável por criar formas de proteção ao trabalhador durante períodos históricos importantes, como a Grande Depressão de 1929, que provocou um problema mundial de desemprego em massa, e a Segunda Guerra Mundial).

Em linhas gerais, as normas apresentadas pela OIT visam proteger os trabalhadores e promover a justiça social. Um dos principais feitos da organização foi receber, em 1969, um Prêmio Nobel da Paz, demonstrando, assim, a importância de seu trabalho ao longo dos anos e a importância de discutir o papel das relações de trabalho estabelecidas nos mais diferentes países.

A OIT funciona como uma agência ligada à Organização das Nações Unidas (ONU). Sua estrutura é tripartite, de modo a garantir que governos, representantes dos empregadores e representantes dos trabalhadores possam participar das discussões promovidas pela instituição. É importante ressaltar, ainda, que, atualmente, 187 nações contam com representantes nas decisões da OIT. Essa representatividade contribui para legitimar as decisões proferidas pela entidade (OIT, 2021c).

A formulação e a aplicação das normas internacionais de trabalho são de responsabilidade da OIT e os países-membros devem implementá-las em seus respectivos ordenamentos jurídicos. Ao internalizar essas normas internacionais, as nações signatárias auxiliam na criação de padrões mínimos para as relações de trabalho em todo mundo. Com isso, é possível afirmar que, com a OIT, se estabelece um sistema internacional de proteção social do trabalhador.

As deliberações da OIT são publicadas na forma de convenções e recomendações, que, por sua vez, são discutidas em plenárias e grupos de trabalho, nos quais governos, representantes dos empregadores e representantes dos trabalhadores podem externar suas posições e suas necessidades, a fim de alcançar um consenso capaz de garantir a saúde e o bem-estar de todos os trabalhadores.

O Brasil é um dos membros mais antigos da OIT, participando desde a realização da primeira Conferência Internacional do Trabalho, o que lhe garante uma grande representatividade diante da entidade.

Desde sua criação até o os dias atuais, a OIT aprovou, em suas reuniões multilaterais, cerca de 189 convenções e 205 recomendações. Todas versam sobre diferentes temas que orbitam as relações de trabalho em todo o mundo, relacionados à saúde do trabalhador, à segurança do trabalho, ao trabalho no modal de transporte marítimo e à proteção social dos trabalhadores.

Embora todas as deliberações ou recomendações elaboradas e divulgadas pela OIT tenham grande importância no mundo do trabalho, no ano de 1998, a entidade adotou a "Declaração dos Direitos e Princípios Fundamentais no Trabalho", que se tornou um marco. Entre os pontos fundamentais da declaração, alguns são centrais: a importância da liberdade sindical dos trabalhadores, o reconhecimento efetivo do direito de negociação coletiva, a eliminação de formas de trabalho forçado ou obrigatório, a efetiva abolição do trabalho infantil e o fim de discriminações em matéria de emprego e ocupação.

A importância de os gestores portuários conhecerem as convenções proferidas pela OIT sobre as condições de trabalho nesse setor é evidente. Nesse sentido, o gestor portuário deve buscar realizar todos os esforços a seu alcance para que a organização possa implementar essas deliberações (OIT, 2021a).

Em especial, há duas convenções da OIT que tratam especificamente dos trabalhadores portuários: a Convenção n. 137, aprovada em 1973 (OIT, 2021a) e ratificada pelo Brasil apenas em agosto de 1994; e a Convenção n. 152, aprovada pela OIT em 1979 e ratificada pelo Brasil somente em 1990 (OIT, 2021b).

A Convenção n. 137 foi responsável por definir uma série de questões relacionadas com o trabalho portuário. Ela fez-se necessária, pois o ambiente portuário passou e ainda passa por profundas mudanças em sua estrutura. Segundo a convenção, a adoção de unidades de carga, a introdução de técnicas de transbordo horizontal e o aumento da mecanização e da automatização impactam na forma como o trabalhador portuário exerce sua função nos portos ao redor do mundo (OIT, 2021a).

Normativas como a Convenção n. 137 da OIT (2021a) são cada vez mais necessárias tendo em vista as mudanças existentes no setor portuário, em que cada vez mais são impostas métricas que visem garantir uma redução no tempo que as cargas levam para serem movimentadas nos portos, o que acarreta a deterioração das condições de trabalho dos trabalhadores, os quais, espera-se, sejam protegidos pelas convenções.

Em seu art. 2º, a Convenção n. 137 dispõe:

> Art. 2 – 1. Incumbe à política nacional estimular todos os setores interessados para que assegurem aos portuários, na medida do possível, um emprego permanente ou regular.
> 2. Em todo caso, um mínimo de períodos de emprego ou um mínimo de renda deve ser assegurado aos portuários sendo que sua extensão e natureza dependerão da situação econômica e social do país ou do porto de que se tratar. (OIT, 2021a)

Além disso, a Convenção n. 137 determina que os trabalhadores portuários sejam registrados, de forma a garantir que possam ser identificados pelos órgãos governamentais dos países-membros (OIT, 2021a). Com essa identificação, busca-se garantir que esses trabalhadores tenham prioridade no momento da contratação para prestação de serviços nos portos.

Já a Convenção n. 152 aborda especificamente a segurança e a higiene do trabalhador portuário, determinando que todos os trabalhadores em portos de países signatários tenham suas condições de segurança asseguradas pelos órgãos fiscalizadores (OIT, 2021b). Com isso, intenta-se preservar boas condições de trabalho, garantindo que a vida dos trabalhadores não seja colocada em risco de nenhuma forma possível.

A Convenção n. 152 impõe que os países signatários busquem garantir em suas legislações locais os seguintes pontos:

› A organização e a manutenção dos locais de trabalho e dos materiais, bem como a utilização de métodos de trabalho que ofereçam garantias de segurança e salubridade (OIT, 2021b).
› A organização e a manutenção, em todos os locais de trabalho, de meios de acesso que garantam a segurança dos trabalhadores (OIT, 2021b).
› A informação, a formação e o controle indispensáveis para garantir a proteção dos trabalhadores contra os riscos de acidente ou de prejuízos para a saúde que resultem de seu emprego ou que sobrevenham em seu exercício (OIT, 2021b).
› O fornecimento aos trabalhadores de todo equipamento de proteção individual, de todo o vestuário de proteção e de todos os meios de salvamento, que podem ser, no limite do razoável, exigidos quando não tiver sido possível prevenir, de outra maneira, os riscos de acidentes ou prejuízos para a saúde (OIT, 2021b).
› A organização e a manutenção dos meios adequados e suficientes de primeiros socorros e salvamentos (OIT, 2021b).

› A elaboração e o estabelecimento de procedimentos adequados destinados a fazer frente a todas as situações de emergência que possam advir (OIT, 2021b).

Ao garantir condições de segurança e salubridade aos trabalhadores portuários, a Convenção n. 152 mostra-se importante para todos os gestores que atuam no setor.

Como forma de prevenir riscos e acidentes nas atividades laborais, criou-se um órgão responsável por garantir que as necessidades de segurança sejam cumpridas: a Comissão Interna de Prevenção de Acidentes (Cipa).

Trata-se de um grande marco na busca pela minimização dos riscos nas atividades laborais dos trabalhadores nas grandes organizações, de modo que é natural que portos e aeroportos também tenham sua equipe de Cipa. A formação de órgãos desse tipo somente é possível graças a um esforço de entidades governamentais de proteção dos trabalhadores, que, em conjunto com outras organizações da sociedade civil e entidades de trabalhadores, visam garantir um ambiente laboral mais seguro (Paoleschi, 2009).

Como forma de garantir a autonomia dos profissionais que atuam nas Cipas dentro das organizações, a Consolidação das Leis do Trabalho (CLT) – Decreto-Lei n. 5.452, de 1º de maio de 1943 (Brasil, 1943) – garante-lhes a manutenção de seus empregos durante o período do mandato e da estabilidade pelo período de um ano após a sua participação. O "Cipeiro", como é conhecido o profissional que atua na Cipa, tem "autonomia para agir, criticar e cobrar a fábrica, [pois] com estabilidade o cipeiro não corre o risco de demissão involuntária" (Paoleschi, 2009, p. 18).

O Porto de Itajaí, em Santa Catarina, é um dos maiores do Brasil e conta com uma Cipa muito atuante. Em sua página na internet, esse órgão disponibiliza uma relação de suas atribuições, das quais destacamos as principais, a título de ilustração:

> Sugerir medidas de prevenção de acidentes julgadas necessárias, por iniciativa própria ou sugestões de outros empregados, encaminhando-as ao SESMT – Serviços Especializados em Engenharia de Segurança e em Medicina do Trabalho e ao empregador;
> [...]
> Investigar ou participar, com o SESMT, da investigação de causas, circunstâncias e consequências dos acidentes e das doenças ocupacionais, acompanhando a execução das medidas corretivas;
> Realizar, quando houver denúncia de risco ou por iniciativa própria e mediante prévio aviso ao empregador e ao SESMT, inspeção nas dependências da empresa, dando conhecimento dos riscos encontrados ao responsável pelo setor, ao SESMT e ao empregador; [...]. (Porto de Itajaí, 2021)

O tamanho da Cipa de cada organização varia conforme seu número total de colaboradores. Assim sendo, esse dimensionamento deve "considerar todos os trabalhadores naquele estabelecimento, celetistas e estatutários. Não deve englobar, entretanto, os prestadores de serviços que estejam em atividades no estabelecimento e que sejam contratados por outra empresa" (Paoleschi, 2009, p. 20).

O Capítulo 5º da CLT compreende as principais funções das organizações em relação à saúde dos trabalhadores. Nesse sentido, gestores e administradores não podem deixar de considerar as seguintes atividades:

> Art. 157. [...]
>
> I – cumprir e fazer cumprir as normas de segurança e medicina do trabalho;
>
> II – instruir os empregados, através de ordens de serviço, quanto às precauções a tomar no sentido de evitar acidentes do trabalho ou doenças ocupacionais;
>
> III – adotar as medidas que lhes sejam determinadas pelo órgão regional competente;
>
> IV – facilitar o exercício da fiscalização pela autoridade competente. (Brasil, 1943)

Os trabalhadores também têm responsabilidades em relação à minimização dos riscos no ambiente de trabalho, devendo observar as normas de segurança e medicina do trabalho e colaborar com as organizações no cumprimento de todas essas normas, de modo a possibilitar uma melhora na qualidade de vida no ambiente laboral.

Exercício resolvido

O gestor portuário deve atentar para todas as especificidades relacionadas a sua atividade, razão por que se faz necessário que ele conheça a Cipa e seus objetivos. Assinale a alternativa que representa a função da Cipa em uma organização:
a) Controlar os estoques e suas baixas.
b) Zelar pela imagem pública da organização.

c) Atender a imprensa e responder eventuais questionamentos.
d) Prevenir acidentes de trabalho no ambiente da organização.

Gabarito: d

Feedback do exercício: Cabe à Cipa realizar atividades e processos a fim de prevenir acidentes e impedir que a saúde dos trabalhadores seja prejudicada no desempenho de suas funções.

Como forma de garantir a saúde dos profissionais que desempenham funções dentro da organização, o Ministério do Trabalho, em um esforço conjunto com outros órgãos e entidades, elaborou e divulgou as NRs que regem diversos temas relacionados às atividades laborais. Até o ano de 2020 foram publicadas 37 NRs dispondo sobre os mais diferentes assuntos. A seguir, listamos essas normas, suas nomenclaturas, que destacam seus objetos, e suas datas de modificação ou vigência:

› **NR-1** – Disposições gerais e gerenciamento de riscos ocupacionais – Início de vigência: um ano a partir da publicação da Portaria n. 6.730, de 9 de março de 2020 (Brasil, 2020), da Secretaria Especial de Previdência e Trabalho (Seprt).
› **NR-3** – Embargo ou interdição – Última modificação: Portaria SEPRT n. 1069, de 23 de setembro de 2019.
› **NR-4** – Serviços especializados em engenharia de segurança e em medicina do trabalho – Última modificação: Portaria n. 510, de 29 de abril de 2016, do Ministério do Trabalho e Previdência Social (MTPS).

- **NR-5** – Comissão Interna de Prevenção de Acidentes – Última modificação: Portaria SEPRT n. 915, de 30 de julho de 2019.
- **NR-6** – Equipamento de proteção individual (EPI) – Última modificação: Portaria n. 877, de 24 de outubro de 2018, do Ministério do Trabalho (MTb). Manual de Orientação para Especificação das Vestimentas de Proteção contra os Efeitos Térmicos do Arco Elétrico e do Fogo Repentino.
- **NR-7** – Programa de Controle Médico de Saúde Ocupacional – Última modificação: Portaria MTb n. 1031, de 6 de dezembro de 2018.
- **NR-8** – Edificações – Última modificação: Portaria n. 222, de 6 de maio de 2011, da Secretaria de Inspeção do Trabalho (SIT).
- **NR-9** – Programa de Prevenção de Riscos Ambientais – Última modificação: Portarias SEPRT n. 1.358 e n. 1.359, de 9 de dezembro de 2019.
- **NR-10** – Segurança em instalações e serviços em eletricidade – Última modificação: Portaria SEPRT n. 915, de 30 de julho de 2019.
- **NR-11** – Transporte, movimentação, armazenagem e manuseio de materiais – Última modificação: Portaria MTPS n. 505, de 29 de abril de 2016.
- **NR-12** – Segurança no trabalho em máquinas e equipamentos – Última modificação: Portaria SEPRT n. 916, de 30 de julho de 2019.
- **NR-13** – Caldeiras, vasos de pressão e tubulações e tanques metálicos de armazenamento – Última modificação: Portaria SEPRT n. 915, de 30 de julho de 2019.

- **NR-14** – Fornos – Última modificação: Portaria n. 12, de 6 de junho de 1983, da Secretaria de Segurança e Medicina do Trabalho (SSMT).
- **NR-15** – Atividades e operações insalubres – Última modificação: Portaria SEPRT n. 1.359, de 9 de dezembro de 2019.
- **NR-16** – Atividades e operações perigosas – Última modificação: Portaria SEPRT n. 1.357, de 9 de dezembro de 2019.
- **NR-17** – Ergonomia – Última modificação: Portaria MTb n. 876, de 24 de outubro de 2018.
- **NR-18** – Condições e meio ambiente de trabalho na indústria da construção – Última modificação: Portaria MTb n. 261, de 18 de abril de 2018.
- **NR-19** – Explosivos – Última modificação: Portaria SIT n. 228, de 24 de maio de 2011.
- **NR-20** – Segurança e saúde no trabalho com inflamáveis e combustíveis – Última modificação: Portaria SEPRT n. 1.360, de 9 de dezembro de 2019.
- **NR-21** – Trabalhos a céu aberto – Última modificação: Portaria GM n. 2037, de 15 de dezembro de 1999.
- **NR-22** – Segurança e saúde ocupacional na mineração – Última modificação: Portaria MTb n. 1085, de 18 de dezembro de 2018.
- **NR-23** – Proteção contra incêndios – Última modificação: Portaria SIT n. 221, de 6 de maio de 2011.
- **NR-24** – Condições sanitárias e de conforto nos locais de trabalho – Última modificação: Portaria SEPRT n. 1.066, de 23 de setembro de 2019.
- **NR-25** – Resíduos industriais – Última modificação: Portaria SIT n. 253, de 4 de agosto de 2011.

- **NR-26** – Sinalização de segurança – Última modificação: Portaria n. 704, de 28 de maio de 2015, do Ministério do Trabalho e Emprego (MTE).
- **NR-28** – Fiscalização e penalidades – Última modificação: Portaria SEPRT n. 9.384, de 6 de abril de 2020.
- **NR-29** – Norma Regulamentadora de Segurança e Saúde no Trabalho Portuário.
- **NR-30** – Segurança e saúde no trabalho aquaviário – Última modificação: Portaria MTE n. 1186, de 20 de dezembro de 2018.
- **NR-31** – Segurança e saúde no trabalho na agricultura, pecuária, silvicultura, exploração florestal e aquicultura – Última modificação: Portaria MTE n. 1086, de 18 de dezembro de 2018.
- **NR-32** – Segurança e saúde no trabalho em serviços de saúde – Última modificação: Portaria SEPRT n. 915, de 30 de julho de 2019.
- **NR-33** – Segurança e saúde nos trabalhos em espaços confinados – Última modificação: Portaria SEPRT n. 915, de 30 de julho de 2019.
- **NR-34** – Condições e meio ambiente de trabalho na indústria da construção, reparação e desmonte naval – Última modificação: Portaria SEPRT n. 915, de 30 de julho 2019.
- **NR-35** – Trabalho em altura – Última modificação: Portaria SEPRT n. 915, de 30 de julho de 2019.
- **NR-36** – Segurança e saúde no trabalho em empresas de abate e processamento de carnes e derivados.

> **NR-37** – Segurança e saúde em plataformas de petróleo – Última modificação: Portaria SEPRT n. 1.412, de 17 de dezembro de 2019.

A NR-29 é uma das principais normas que atingem o setor portuário. Ela apresenta informações relacionadas ao transporte de cargas em altura, ao transporte de cargas perigosas e seus riscos e à movimentação de contêineres. Em relação a este último item, é importante considerar:

> Na movimentação de carga e descarga de contêiner é obrigatório o uso de quadro posicionador dotado de travas de acoplamento acionadas mecanicamente, de maneira automática ou manual, com dispositivo visual indicador da situação de travamento e dispositivo de segurança que garanta o travamento dos quatro cantos. Não é permitida a permanência de trabalhador sobre contêiner quando este estiver sendo movimentado. Quando houver em um mesmo contêiner cargas perigosas e produtos inócuos, prevalecem as recomendações de utilização de EPI adequadas à carga perigosa. (Camisassa, 2019, p. 566)

Já a NR-30 se aplica a todos os trabalhadores que atuam em embarcações brasileiras. Entretanto, quando se trata da questão portuária, é comum haver embarcações internacionais. Nesse caso, a norma limita-se à Convenção n. 147 da OIT – Normas Mínimas para Marinha Mercante.

Quando observamos esse conjunto de NRs, podemos notar que algumas são genéricas, de modo que se aplicam a diversas organizações, em diversos setores. Contudo, devemos considerar também que algumas dessas NRs são exclusivas para alguns setores da economia, como é o caso da NR-36, que se aplica à indústria de carnes. Ao setor de portos e aeroportos cabe analisar a aplicação dessas NRs e utilizá-las para direcionar o seu uso em toda as suas operações.

Síntese

> As empresas portuárias e aeroportuárias apresentam inúmeros riscos em suas atividades.
> Os trabalhadores que atuam em portos e aeroportos devem estar atentos às atividades desempenhadas, pois muitas destas podem colocar suas vidas em risco.
> As organizações devem oferecer orientações, equipamentos de proteção individual (EPIs) e, principalmente, treinamentos sobre segurança para seus profissionais.
> Os gestores devem atentar para as possibilidades de minimizar os riscos e as vulnerabilidades das atividades desempenhadas pelas organizações portuárias e aeroportuárias.

6

Proteção contra vulnerabilidades e riscos de acidentes aéreos

Conteúdos do capítulo:

› Principais causadores de vulnerabilidades nas atividades aeroportuárias no Brasil.
› Riscos provocados pela falta de equipamentos de segurança nas operações aeroportuárias.
› Ações realizadas por empresas, profissionais, órgãos fiscalizadores, governos e toda a sociedade como forma de garantir maior segurança às operações aeroportuárias.
› Principais órgãos fundados com o objetivo de propiciar maior segurança às atividades da aviação civil.

Após o estudo deste capítulo, você será capaz de:

1. listar os principais riscos presentes nas atividades de aeroportos no Brasil;
2. relacionar as principais causas de acidentes na aviação civil no Brasil e no mundo;
3. apontar como acidentes podem ser evitados e como aumentar a segurança de operações aeroportuárias;
4. identificar como órgãos de investigação de acidentes aéreos atuam.

COMO SINALIZAMOS NO CAPÍTULO 5, EM OPERAÇÕES PORtuárias e aeroportuárias, os gestores devem agir para mitigarem qualquer tipo de risco que possa prejudicar o funcionamento dessas organizações. Além disso, cabe aos governos estaduais, municipais e federal fiscalizar essas ações e garantir que elas estão sendo adotadas.

Neste capítulo final, apresentaremos os riscos e as vulnerabilidades que estão presentes especialmente nas atividades aeroportuárias. Sabe-se que, em suas operações, os aeroportos enfrentam muitas vulnerabilidades que podem prejudicar as atividades e os voos ou impedir que os passageiros embarquem ou desembarquem. Além disso, diversas condições climáticas podem causar prejuízos às operações aeroportuárias. Enquanto muitos riscos não podem ser evitados pelos gestores, outros podem ser, ao menos, contornados.

A busca por proteção contra acidentes é uma forma de proteger as operações e impedir paradas que possam prejudicar o fluxo de pousos e decolagens. Existe uma máxima na indústria da aviação civil segundo a qual um avião no chão é prejuízo para as empresas que o operam. Diante disso, é normal que aeronaves façam vários voos curtos no mesmo dia ou realizem voos longos para aproveitar a demanda de passageiros, de modo que dependem de aeroportos em pleno funcionamento.

Como forma de garantir o atendimento às necessidades das organizações que atuam no setor da aviação civil, os governos, em especial o Governo Federal – que tem a função primordial de cuidar do espaço aéreo e de fiscalizar as operações aeroportuárias –, constituem algumas entidades para coordenar ações de segurança a fim de proporcionar uma maior eficiência para as empresas do setor.

A criação de entidades de atuação nacional e a implementação de normas internacionais são ações esperadas por toda a sociedade que utiliza a aviação civil como meio de transporte. Ao longo deste capítulo, detalharemos a atuação do Centro de Investigação e Prevenção de Acidentes Aeronáuticos

(Cenipa), o órgão responsável por investigar acidentes aéreos e dar respostas à sociedade sobre suas causas.

6.1 Conceitos e especificidades do mercado da aviação

Os cuidados que devem ser tomados pelas organizações e profissionais que atuam na aviação civil são muitos. Em linhas gerais, eles são apresentados em um conjunto de normas, regulamentos e resoluções elaborados e divulgados pelos órgãos que controlam esse tipo de operação.

Embora existam aeroportos administrados pela iniciativa privada e companhias aéreas privadas, compete, de forma única e exclusiva, ao Governo Federal fiscalizar e organizar o espaço aéreo brasileiro (Ashford et al., 2015).

É função da aeronáutica, por meio dos órgãos que a constituem, organizar a volumosa quantidade de voos no Brasil. Para isso, existe a Agência Nacional de Aviação Civil (Anac), que administra o espaço aéreo nacional e garante a segurança e a excelência da aviação civil no país. Portanto, essa agência exerce uma função de suma importância para toda a sociedade:

> A Agência Nacional de Aviação Civil (ANAC), uma das agências reguladoras federais do País, foi criada para regular e fiscalizar as atividades da aviação civil e a infraestrutura aeronáutica e aeroportuária no Brasil. Instituída em 2005, começou a atuar em 2006 substituindo o Departamento de Aviação Civil (DAC). É uma autarquia federal de regime especial e está vinculada ao Ministério da Infraestrutura (clique no link para acessar). As ações da

ANAC se enquadram nos macroprocessos de certificação, fiscalização, normatização e representação institucional. (Anac, 2021c)

A segurança nas atividades aéreas é de fundamental importância para toda a sociedade, razão por que é importante que os gestores reflitam sobre as complexidades das operações aéreas no Brasil (Caldeira, 2012). Nesse sentido, o uso de dados estatísticos, gráficos e informações quantitativas no setor aéreo é extremamente necessário. Cabe à Anac divulgar os principais indicadores que auxiliam os gestores nos processos de tomada de decisão sobre a melhoria de processos na aviação civil (Portal Infraero, 2021).

Exemplificando

O Aeroporto de Viracopos conta com uma ampla estrutura para garantir agilidade, segurança e eficiência na movimentação de mercadorias importadas e exportadas por empresas brasileiras. Assim, serviços especializados e soluções customizadas são uma ótima vantagem competitiva para essa organização aeroportuária.

O conhecimento sobre as terminologias utilizadas no setor de aviação civil é indispensável para todos os gestores que atuam ou que pretendam atuar na aviação civil no Brasil. Um ponto importante que deve ser trazido à tona é que, devido às normas internacionais das quais o Brasil é signatário, normalmente, na aviação civil, empregam-se termos em inglês, de modo que, não raro, esse idioma é requisito para todos que pretendam trabalhar e se consolidar no setor (Portal Infraero, 2021).

No Quadro 6.1, elencamos alguns dos principais termos que constituem a aviação civil brasileira e devem ser de conhecimento de todos que atuam no setor. Reforçamos, ainda, que o uso desses termos é importante para garantir maior segurança nos voos e diminuir os impactos de riscos e vulnerabilidades.

Quadro 6.1 – *Principais termos utilizados na aviação civil e que facilitam a comunicação entre os profissionais da área*

Campo	Descrição
Etapa básica (flight stage)	As etapas básicas são aquelas realizadas pela aeronave desde a sua decolagem até o próximo pouso, independente de onde tenha sido realizado o embarque ou o desembarque do objeto de transporte. Os dados estatísticos das etapas básicas representam o status da aeronave em cada etapa do voo, apresentando a movimentação de cargas e passageiros entre os aeródromos de origem e destino da aeronave. É a operação de uma aeronave entre uma decolagem e o próximo pouso, ou seja, é a ligação direta entre dois aeródromos.
Empresa Aérea	Empresa Aérea responsável por operar as etapas.
Natureza do voo	Refere-se à natureza das etapas, e possui o valor "Doméstico" caso as etapas tenham o pouso e a decolagem realizadas no Brasil e sejam operadas por Empresas brasileiras ou possuem o valor "Internacional" caso contrário.
[...]	[...]
ASK (Available seat kilometer)	Refere-se ao volume de Assentos Quilômetros Oferecidos, ou seja, a soma do produto entre o número de assentos oferecido e a distância das etapas.
RPK (Revenue seat kilometer)	Refere-se ao volume de Passageiros Quilômetros Transportados, ou seja, a soma do produto entre o número de passageiros pagos e a distâncias das etapas.
ATK (Available tonne kilometer)	Refere-se ao volume de Tonelada Quilômetro Oferecida, ou seja, a soma do produto entre o payload, que é a capacidade total de peso disponível na aeronave, expressa em quilogramas, disponível para efetuar o transporte de passageiros, carga e correio, e a distância das etapas, dividido por 1.000.
RTK (Revenue tonne kilometer)	Refere-se ao volume de Toneladas Quilômetros Transportadas, ou seja, a soma do produto entre os quilogramas carregados pagos, onde cada passageiro possui o peso estimado de 75 Kg, e a distância das etapas, dividido por 1.000.
Combustível	Refere-se à quantidade, em litros, de combustível consumida pela aeronave na execução da referida etapa. Informação disponível apenas para empresas brasileiras.
Distância	Refere-se à distância, expressa em quilômetros, entre os aeródromos de origem e destino da etapa, considerando a curvatura do planeta Terra.

(continua)

(Quadro 6.1 – continua)

Campo	Descrição
Horas voadas	Refere-se ao número de horas de voo entre os aeródromos de origem e destino da etapa.
Decolagens	Refere-se ao número de decolagens que ocorreram entre os aeródromos de origem e destino da etapa.
Carga paga Km	Refere-se ao volume de Carga Paga (kg) em cada quilômetro, ou seja, a soma do produto entre a quantia (kg) de carga paga e a distâncias das etapas.
Carga Grátis Km	Refere-se ao volume de Carga Grátis (kg) em cada quilômetro, ou seja, a soma do produto entre a quantia (kg) de carga grátis e a distâncias das etapas.
Correio Km	Refere-se ao volume de Correio (kg) em cada quilômetro, ou seja, a soma do produto entre a quantia (kg) de correio e a distâncias das etapas.
Assentos	É o número de assentos disponíveis em cada etapa de voo de acordo com a configuração da aeronave na execução da etapa; e
Payload (Kg) (Payload capacity)	é a capacidade total de peso na aeronave, expressa em quilogramas, disponível para efetuar o transporte de passageiros, carga e correio.
Etapa combinada (*On flight origin and destination* – OFOD)	As etapas combinadas identificam os pares de aeródromos de origem, onde houve o embarque do objeto de transporte, e destino, onde houve o desembarque do objeto de transporte, independente da existência de aeródromos intermediários, atendidos por determinado voo. É a etapa de voo vista com foco no objeto de transporte (pessoas e/ou cargas), com base no embarque e desembarque nos aeródromos relacionados. Os dados estatísticos da etapa combinada informam a origem e destino no voo, dos passageiros e cargas transportadas, independente das suas escalas.
[...]	[...]
Passageiros pagos	Refere-se aos passageiros que ocupam assentos comercializados ao público e que geram receita, com a compra de assentos, para a empresa de transporte aéreo. Incluem-se nesta definição as pessoas que viajam em virtude de ofertas promocionais, as que se valem dos programas de fidelização de clientes, as que viajam com os descontos concedidos pelas empresas, as que viajam com tarifas preferenciais, as pessoas que compram passagem no balcão ou através do site de empresa de transporte aéreo e as pessoas que compram passagem em agências de viagem.
Passageiros grátis	Refere-se aos passageiros que ocupam assentos comercializados ao público mas que não geram receita, com a compra de assentos, para a empresa de transporte aéreo. Incluem-se nesta definição as pessoas que viajam gratuitamente, as que se valem dos descontos de funcionários das empresas aéreas e seus agentes, os funcionários de empresas aéreas que viajam a negócios pela própria empresa e os tripulantes ou quem estiver ocupando assento destinado a estes.
Carga paga	Refere-se à quantidade total, expressa em quilogramas, de todos os bens que tenham sido transportados na aeronave, exceto correio e bagagem, e tenham gerado receitas direta ou indireta para a empresa aérea.

(Quadro 6.1 – conclusão)

Campo	Descrição
Carga grátis	Refere-se à quantidade total, expressa em quilogramas, de todos os bens que tenham sido transportados na aeronave, exceto correio e bagagem, e não tenha gerado receitas diretas ou indiretas para a empresa aérea.
Correio	Refere-se à quantidade de objetos transportados de rede postal em cada trecho de voo realizado, expresso em quilogramas.
Bagagem	Refere-se à quantidade total de bagagem despachada, expressa em quilogramas.
[...]	[...]

Fonte: Anac, 2021d.

O conhecimento dos termos apresentados no Quadro 6.1 deve compor a formação de todos os profissionais que atuam na gestão de aeroportos ou em empresas que prestam serviços na aviação civil (Ashford et al., 2015).

Exercício resolvido

O domínio dos principais termos que fazem parte da aviação civil brasileira garante uma maior segurança nos voos, diminuindo o impacto de riscos e vulnerabilidades nas atividades do setor. Sendo assim, qual termo designa os passageiros que ocupam assentos oferecidos e geram receita?

a) Passageiros grátis.
b) Carga grátis.
c) Passageiros pagos.
d) Carga paga.

Gabarito: c

Feedback do exercício: Os passageiros pagos são aqueles que ocupam assentos oferecidos e que geram receita, com a compra de assentos, para a empresa de transporte aéreo. Incluem-se, nessa definição, as pessoas que viajam em virtude de ofertas promocionais.

Para saber mais

VIRACOPOS FULLHD. **Decolagem espetacular do gigante Antonov 124-100 Campinas Viracopos**. Disponível em: <https://www.youtube.com/watch?v=y4zz4R7OuS8>. Acesso em: 17 ago. 2021.

A operação de transporte de cargas é totalmente diferente da operação de transporte de passageiros em um país. Sendo assim, cabe aos profissionais que desejam atuar nesse setor conhecer suas principais especificidades – por exemplo, o fato de que grandes aeronaves são utilizadas para o transporte de mercadorias internacionais. Para conhecer um pouco mais sobre operações de transporte aéreo de cargas, recomenda-se assistir à operação de decolagem do Antonov no Aeroporto de Viracopos, em Campinas.

Também é essencial que os profissionais conheçam os diferentes tipos de voos oferecidos pelas companhias aéreas, a fim de identificar quais normas de segurança se aplicam em cada caso. A ANAC apresenta, em seus regulamentos, três etapas de voo que podem ser realizadas pelas companhias aéreas no Brasil:

> **Improdutivas** (Non-revenue flights): etapas que não geraram receita à empresa aérea (como realização de treinamentos, voo para manutenção de aeronaves);
>
> **Regulares** (Scheduled revenue flights): etapas remuneradas que são realizadas sob uma numeração de Horário de Transporte (HOTRAN). Recebem esse nome, pois possuem a característica de serem realizadas regularmente; e
>
> **Não Regulares** (Non-scheduled revenue flights): etapas remuneradas que não são realizadas sob uma numeração

de Horário de Transporte (HOTRAN). Recebem esse nome, pois possuem a característica de serem realizadas de forma não continuada. Aqui estão os voos Charters, Fretamentos. (Anac, 2021d, grifo do original)

A despeito das normas padronizadas de segurança e da possibilidade maior ou menor de vulnerabilidade para as empresas aéreas, é normal, por exemplo, que a aeronave passe por uma manutenção de rotina e que um voo improdutivo, sem passageiros, tenha necessidade de cumprir menos protocolos de segurança do que um voo regular (Ashford et al., 2015).

> **Exercício resolvido**
>
> Conhecer os tipos de voos que operam dentro de um país é importante, pois auxilia na definição das normas de segurança para cada voo. Considerando o exposto, assinale a alternativa que apresenta o tipo de voo que segue etapas remuneradas regulares:
> a) Voos cargueiros.
> b) Voos improdutivos.
> c) Voos regulares.
> d) Voos não regulares.
> **Gabarito**: c
> ***Feedback do exercício***: Compete aos voos regulares apresentar etapas remuneradas regulares realizadas conforme previsto no Sistema de Registro de Operações (Siros).

Como, em um voo improdutivo, a aeronave não efetua nenhum tipo de transporte de passageiros, as normas de segurança destinadas especificamente a esse público não precisam ser cumpridas pela equipe responsável pelo voo. Entre as normas que podem ser desconsideradas nesses casos estão os avisos dados pela equipe de bordo aos passageiros antes da decolagem.

6.2 Atuação das entidades responsáveis pela aviação civil no Brasil

A Força Aérea Brasileira (FAB) detém a função legal de zelar pela segurança dos céus brasileiros, portanto, a ela cabe produzir e divulgar as normas que devem ser cumpridas pelas organizações que trabalham com o comando aéreo (Caldeira, 2012). A FAB também deve garantir que todo e qualquer acidente, do mais simples ao mais trágico, tenha suas causas divulgadas e que seus culpados, caso existam, sejam responsabilizados e penalizados.

> **Para saber mais**
>
> ANAC – Agência Nacional de Aviação Civil. **Dados do Anuário do Transporte Aéreo**. Disponível em: <https://www.gov.br/anac/pt-br/assuntos/dados-e-estatisticas/mercado-de-transporte-aereo/anuario-do-transporte-aereo/dados-do-anuario-do-transporte-aereo>. Acesso em: 17 ago. 2021.
>
> Anualmente, a Anac divulga um documento intitulado *Anuário do Transporte Aéreo do Brasil*, que oferece vários indicadores úteis para a gestão das organizações do setor. Esse *link* contém os anuários divulgados entre os anos de 1972 e 2019.

O órgão responsável pela investigação de acidentes aéreos é denominado *Centro de Investigação e Prevenção de Acidentes Aeronáuticos* (Cenipa). Apesar de o transporte aéreo ser um dos mais seguros, acidentes, infelizmente, ocorrem e devem ser investigados pelos órgãos competentes, inclusive para, talvez, evitar que casos semelhantes ocorram no futuro.

Figura 6.1 – **Acidente aéreo em pouso de aeronave**

Imagem de Wikilmages por Pixabay

O Cenipa, no Brasil, assume funções amplas, que se estendem desde a investigação de acidentes aéreos da aviação civil até acidentes com aeronaves militares dentro do espaço aéreo nacional. Além disso, segundo o *site* oficial da FAB, as atividades do órgão envolvem:

> análise técnico-científica do acidente ou incidente aeronáutico que se retiram valiosos ensinamentos. Esse aprendizado, transformado em linguagem apropriada, é traduzido em recomendações de segurança específicas e objetivas

para os fatos analisados, acarretando ao seu destinatário (proprietário, operador de equipamento, fabricante, piloto, oficina, órgão governamental, entidade civil, etc.) o cumprimento de ação ou medida que possibilite o aumento da segurança. (FAB, 2021d)

O Cenipa foi criado pela FAB, por meio do Decreto n. 69.565, de 16 de novembro de 1971 (Brasil, 1971), como parte do órgão central conhecido como *Sistema de Investigação e Prevenção de Acidentes Aeronáuticos* (Sipaer). A criação do Cenipa significou o surgimento de uma nova filosofia, que se difundiria no Brasil, segundo a qual a palavra *inquérito* passaria a ser substituída e as investigações seriam realizadas com o objetivo único de promover a prevenção de acidentes aeronáuticos em concordância com normas internacionais de aviação (Caldeira, 2012).

Em 1982, foi criado o Comitê Nacional de Prevenção de Acidentes Aeronáuticos (CNPAA), em uma Sessão Plenária que contou com a direção e a coordenação do Cenipa e na qual estavam reunidos os representantes de:

› entidades nacionais públicas que atuavam na aviação civil;
› entidades nacionais privadas que atuavam na aviação civil;
› entidades internacionais que atuavam na aviação civil;
› órgãos que atuavam de forma direta ou indireta na aviação civil;
› organizações civis que eram representativas de classes;
› principais sindicatos representando os trabalhadores que atuam no setor de aviação civil.

A criação do CNPAA integrou o conjunto de conhecimentos acerca de acidentes e desastres aéreos das entidades participantes, condensando anos de experiência de cada uma delas. Segundo o Cenipa,

> O conhecimento adquirido com organizações de segurança de voo de outros países, aliado à experiência acumulada ao longo dos anos, resultou no aperfeiçoamento da doutrina de segurança de voo no Brasil e no estabelecimento das bases de pesquisa nesse campo: o trinômio "o Homem, o Meio e a Máquina", pilar da moderna filosofia SIPAER. (FAB, 2021b)

Para saber mais

BRASIL. Decreto n. 21.713, de 27 de agosto de 1946. **Diário Oficial da União**, Poder Executivo, Rio de Janeiro, 12 set. 1946. Disponível em: <http://www.planalto.gov.br/ccivil_03/decreto/1930-1949/d21713.htm>. Acesso em: 18 ago. 2021.

Sugerimos a leitura do Decreto n. 21.713/1946, que normatiza, no Brasil, a Convenção de Aviação Civil Internacional, documento de suma importância que deve ser conhecido por gestores de aeroportos no mundo todo.

Basicamente, as investigações de acidentes aeronáuticos ocorrem de forma concentrada em três fatores: o humano, o material e o operacional.

> O Fator Humano compreende o homem sob o ponto de vista biológico em seus aspectos fisiológicos e psicológicos. O Fator Material engloba a aeronave e o complexo de engenharia aeronáutica. O Fator Operacional compreende

os aspectos que envolvem o homem no exercício da atividade, incluindo os fenômenos naturais e a infraestrutura. (FAB, 2021b)

> **Exercício resolvido**
>
> São muitos os aspectos condicionantes no momento de investigação de um acidente aeronáutico no Brasil. As empresas, as entidades e os órgãos responsáveis devem considerar sempre cada fator de forma individualizada. Considerando o exposto, assinale a alternativa que apresenta o fator responsável pela engenharia aeronáutica:
> a) Fator humano.
> b) Fator financeiro.
> c) Fator material.
> d) Fator operacional.
>
> **Gabarito**: c
>
> *Feedback do exercício*: "O Fator Material engloba a aeronave e o complexo de engenharia aeronáutica" (FAB, 2021b).

Também cabe ao Cenipa a oferta de capacitação para profissionais que atuam na aviação civil e que desejem ser certificados sobre aspectos de segurança no Brasil.

Entre as principais capacitações ofertadas pelo Cenipa, estão:

› Agente de segurança de voo (ASV), para os civis que concluem o Curso de Investigação de Acidentes Aeronáuticos (CIAA).
› Oficial de segurança de voo (OSV), para os militares que concluem o CIAA.

› Elemento Certificado – Prevenção (EC-PREV), para aqueles que concluem o Curso de Prevenção de Acidentes Aeronáuticos (CPAA).
› Elemento Certificado – Fator Humano Médico (EC-FHM), para os médicos que concluem o Curso de Prevenção de Acidentes Aeronáuticos – Fator Humano (CPAA-FH).
› Elemento Certificado – Fator Humano Psicológico (EC-FHP), para os psicólogos que concluem o CPAA-FH.
› Elemento Certificado – Fator Material (EC-FM), para aqueles que concluem o Curso de Prevenção de Acidentes Aeronáuticos – Fator Material (CPAA-FM).
› Elemento Certificado – Manutenção de Aeronaves (EC-MA), para aqueles que concluem o Curso de Prevenção de Acidentes Aeronáuticos – Manutenção (CPAA-MA).
› Elemento Certificado – Controle do Espaço Aéreo (EC-CEA), para aqueles que concluem o Curso de Prevenção de Acidentes Aeronáuticos – Controle do Espaço Aéreo (CPAA-CEA).
› Elemento Certificado – Atividades Aeroportuárias (EC-AA), para aqueles que concluem o Curso de Prevenção de Acidentes Aeronáuticos – Atividades Aeroportuárias (CPAA-AA).

Importante!

Os profissionais que atuam na gestão de aeroportos em todo o mundo devem conhecer a fundo qualquer norma apresentada pela Organização da Aviação Civil Internacional, pois ela é de grande importância para orientar os processos e as atividades realizadas pelas empresas.

Além da capacitação dos profissionais que atuam ou pretendem atuar na aviação civil, o Cenipa, por meio do Sipaer, investiga todo e qualquer acidente ocorrido dentro do espaço aéreo brasileiro. De acordo com a definição do próprio órgão, a investigação é "o processo realizado com o propósito de prevenir novos acidentes e que compreende a reunião e a análise de informações e a obtenção de conclusões, incluindo a identificação dos fatores contribuintes para a ocorrência, visando a formulação de recomendações sobre a segurança" (FAB, 2021c).

O processo de investigação de acidente aeronáutico é de grande importância, pois auxilia a melhorar a segurança dos voos civis e militares. Para isso, algumas convenções internacionais foram desenvolvidas com o intuito de padronizar a forma como os países realizam a investigação de acidentes aeronáuticos. Como o Brasil é signatário de diversas dessas convenções, o Cenipa deve seguir todos os protocolos que elas estabelecem.

A Anac também participa ativamente das investigações e dos processos estabelecidos com o objetivo de impedir novos acidentes. Para tanto, ocorrem, de forma permanente, dentro da estrutura da agência, grupos de trabalho com a finalidade de proporcionar diretrizes estratégicas no momento da investigação. Esses grupos são organizados da seguinte forma (Anac, 2018):

› **Grupo de trabalho 1**: Aerodrome Metereological Observation and Forecasting Study Group (AMOFSG).
› **Grupo de trabalho 2**: Airborne Surveillance Task Force (ASTAF).

- **Grupo de trabalho 3**: Aircraft Type Designators Study Group (AIS-AIM SG).
- **Grupo de trabalho 4**: AIS to AIM Working Study Group (AISAIM SG).
- **Grupo de trabalho 5**: CAST/ICAO Common Taxonomy Team (CICTT).
- **Grupo de trabalho 6**: Communication Failure Coordinating Group (CFCG).
- **Grupo de trabalho 7**: Fatigue Risk Management Systems Task Force (FRMSTF).
- **Grupo de trabalho 8**: Human Performance Study Group (HPSG).
- **Grupo de trabalho 9**: Cabin Safety Group (ICSG).
- **Grupo de trabalho 10**: Medical Provisions Study Group (MPSG).
- **Grupo de trabalho 11**: Next Generation Aviation Professionals Task Force (NGAPTF).
- **Grupo de trabalho 12**: Performance-based Navigation Study Group (PBNSG).
- **Grupo de trabalho 13**: Regional Monitoring Agency Coordinating Group (RMACG).
- **Grupo de trabalho 14**: Safety Indicators Study Group (SISG).
- **Grupo de trabalho 15**: Safety Information Exchange Study Group (SIXSG).
- **Grupo de trabalho 16**: Safety Information Protection Task Force (SIPTF).
- **Grupo de trabalho 17**: Safety Tools User Group (STUG).
- **Grupo de trabalho 18**: Task Force on Risks to Civil Aviation Arising from Conflict Zones (TFRCZ).

Entre esses grupos de trabalho, alguns se destacam como principais e mais atuantes no momento da adoção de normas de segurança das atividades aéreas no Brasil.

Em primeiro lugar, o grupo de trabalho 1 apresenta em seus trabalhos um painel geral dos projetos e operações de aeródromos no Brasil. Compete a esse grupo uma "reestruturação holística [...] dos materiais complementares (*Guidance Material*), de modo a facilitar o uso e internalização dos Estados considerando as operações aeroportuárias atuais" (Anac, 2018a, p. 35).

O grupo de trabalho 2, por sua vez, atua na aerogovernabilidade, tendo como principais temas de discussão:

- Adoção do SMS [*Safety Management System*] para organizações projetistas e/ou fabricantes de hélices e motores de aeronaves;
- Reconhecimento global de organizações de manutenção;
- Suspensão, revogação e transferência de certificado de tipo;
- Expansão dos SARPs [*Standards and Recommended Practices*] [...] para abranger aviões leves, abaixo de 750 kg;
- Diretrizes de Aeronavegabilidade com informações que possam levar a atos de interferência ilícita (*security*);
- Registro de manutenção eletrônico (EMR). (Anac, 2018a, p. 38-39)

Já o grupo de trabalho 3 tem como função tratar especificamente dos artigos considerados perigosos na atividade aérea. Ele objetiva desenvolver e manter uma estratégia única e global para lidar com os riscos associados ao transporte aéreo de artigos perigosos. Nesse sentido, atua trabalhando nas seguintes vertentes:

- Promoção da harmonização interorganizacional e intermodal com vistas a facilitar o transporte seguro;
- Identificação de lacunas nas regulações de segurança de artigos perigosos;
- Identificação de riscos associados ao transporte aéreo de artigos perigosos;
- Desenvolvimento de estratégias de mitigação baseadas no desempenho para lidar com o risco;
- Desenvolvimento de diretrizes para o treinamento em artigos perigosos com o objetivo de obter conformidade plena com as regulações das entidades envolvidas; e
- Desenvolvimento de diretrizes e estratégias para a notificação e investigação de ocorrências envolvendo o transporte de artigos perigosos. (Anac, 2018a, p. 40)

O grupo de trabalho 4 atua basicamente no fornecimento de diretrizes de segurança para o momento em que as aeronaves estão em voo. Compete a esse grupo "desenvolver e manter as SARPS e os materiais de orientação atualizados, incluindo gravações de voo relacionadas a provisões de apoio a investigações de acidentes e incidentes para operações de transporte aéreo comercial" (Anac, 2018a, p. 42). O grupo de trabalho 6 é outro cujas atividades enfocam a segurança das operações da aviação. Os trabalhos desse grupo, conhecido por ser o responsável por gerenciar a segurança operacional da organização, envolvem três atividades:

› *Working Group on Development of amendments to SSP provisions*: Alterar as disposições sobre "Programas de Estado para a Segurança Operacional e atualizar as orientações para a implementação e manutenção de tais programas por meio do manual de gerenciamento da segurança operacional" (Anac, 2018a, p. 46).

› *Working Group on Development of amendments to SMS provisions*: Altera as disposições sobre os sistemas de gerenciamento da segurança operacional.

› *Working Group on Enhance provisions for the collection, analysis and protection of safety data and safety information*: Aprimora as disposições sobre coleta, análise e proteção de dados de segurança operacional.

O Quadro 6.2 detalha mais algumas das atividades dos grupos de trabalho da Anac em prol da melhoria da segurança e da diminuição das vulnerabilidades na aviação civil brasileira.

Quadro 6.2 – *Principais atividades realizadas pelos grupos de trabalho da Anac em prol da segurança*

Painel	Objetivos
Accident Investigation Panel	Pesquisar e desenvolver provisões para investigação de acidentes e incidentes de modo a permitir que sejam conduzidas em tempo apropriado [...] e em apoio à implementação do GASP.
Air Traffic Management Operations Panel	Desenvolver estratégia e soluções para o gerenciamento do tráfego aéreo (exemplo: air traffic services (ATS), airspace management (ASM), air traffic flow management (ATFM)), originados dos requisitos dos Aviation System Block Upgrades (ASBUs) e de outras fontes, para garantir um ambiente operacional de ATM global harmonizado. Desenvolver e manter atualizados as SARPs e PANS relacionados com serviços de tráfego aéreo, gerenciamento de tráfego aéreo baixo, procedimentos e fraseologia para controle de tráfego aéreo, gerenciamento aeroespacial e coordenação civil-militar.

(continua)

(Quadro 6.2 – continuação)

Painel	Objetivos
ATM Requiremetns and Performance Panel	Desenvolver requisitos de ATM, estratégias de transição e estrutura de desempenho, baseada em conceito operacional de ATM.
Communications Panel	Desenvolver e atualizar as estratégias e planos para a harmonização de comunicações aeronáuticas conforme o GANP; Consolidar e desenvolver requisitos operacionais para comunicações de dados e voz; Monitorar o desenvolvimento e implementação de sistemas e instalações de comunicação ATM; Desenvolver provisões e materiais de orientação sobre: aplicações de dados terra e ar para serviços de tráfego aéreo, estrutura baseada em desempenho para comunicação e vigilância, C2 para RPAS, ATC para RPAS, SATCOM, procedimentos para apoiar comunicações ATM de voz e dados, segurança cibernética para comunicações ATM.
Frequency Spectrum Management Panel	Desenvolver e manter atualizadas as SARPs e materiais de orientação para facilitar o gerenciamento de frequência dos sistemas de comunicações, navegação e vigilância; Atualizar propostas da estratégia de espectro da OACI, mapeando futuros requisitos de espectro para apoiar sistemas de comunicação, navegação e vigilância; Atualizar a Política da OACI sobre alocação de espectro de frequência aeronáutica; Elaborar a posição da OACI para as Conferências de Telecomunicação Mundial da ITU; Apoiar o Secretariado da OACI no desenvolvimento de material de estudos para o setor de radiocomunicação da ITU.
Instrument Flight Procedures Panel	Lidar com questões relacionadas à segurança operacional de critérios, requisitos de *charting*, diretrizes para pessoal operacional, bem como garantia de qualidade de processos de procedimentos de projeto para garantir adequabilidade e qualidade das informações aeronáuticas para o estabelecimento de procedimentos de instrumentalização de voo padronizados mundialmente.
Information Management Panel	Definir a estrutura de interoperabilidade global (*Global Interoperability Framework*); Definir e elaborar conceitos, funções e processos de gerenciamento de ATM, para prover informação em tempo suficiente, certificada e de qualidade aos atores do sistema de navegação aérea, as quais são usadas para apoiar operações (Full FF-ICE, sistema de revisão de NOTAM, troca de informação digital MET); Identificar requisitos de qualidade de serviços necessários para manter a segurança, a integridade, a confidencialidade e a disponibilidade dos sistemas ATM, e para mitigar riscos associados à disjunção intencional; Identificar os requisitos de SARPs para informação de acordo com blocos de melhorias delimitados no GANP; Desenvolver estratégias de transição necessárias para a implementação de um SWIM global e novos formatos de troca de informações, incluindo requisitos aeronáuticos futuros; Planejar fluxos antecipados de informação e dados e com relação a futuros requisitos e capacidade de sistemas ATM

(Quadro 6.2 – conclusão)

Painel	Objetivos
Meteorology Panel	Definir e elaborar conceitos de serviços meteorológicos aeronáuticos consistentes com os requisitos operacionais, incluindo funções e processos necessários para prover serviços MET de qualidade e custo-eficientes; Identificar capacidades tecnológicas e científicas necessárias para cumprir com os requisitos operacionais; Desenvolver e manter atualizadas provisões da OACI relacionas com MET para a navegação aérea; Desenvolver ou manter guias de integração de MET aeronáutico para prover estratégias de transição para serviços de MET em consonância com o GANP; Desenvolver propostas que promovam a interoperabilidade por meio de arranjos colaborativos dos sistemas e serviços de MET em âmbito, local, nacional, sub-regional, regional, multirregional e global.
Navigation Systems Panel	Lidar com questões técnicas e operacionais relacionadas com sistemas de navegação por rádio para garantir sua compatibilidade com os requisitos de desempenho e função dos sistemas ATM.
Separation and Airspace Safety Panel	Desenvolver mínimos de separação e nível requerido de desempenho dos procedimentos de comunicação, navegação e vigilância, considerando demanda futura e capacidade aeroespacial. Desenvolver procedimentos e técnicas de ATM para a determinação de indicadores de segurança operacional de sistemas ATM, aceitáveis níveis de segurança operacional e métricas apropriadas à expressão deles.
Surveillance Panel	Desenvolver e manter atualizadas as SARPs e materiais de orientação que tratam de aspectos processuais e técnicos de sistemas de vigilância aeronáutica transportados e baseados em solo, ACAS, sistemas e instalações relacionados, capacidades de vigilância transportadas, aplicações de vigilância transportada avançada, redes de segurança operacional de solo, provisões de capacidade *detect and avoid* para RPAS.

Fonte: Anac, 2018a, p. 47-49.

Em se tratando das responsabilidades no escopo da aviação civil, é importante lembrar que, no Brasil, há inúmeras organizações que tratam especificamente desse tema. Em alguns casos, como na questão da segurança, essa responsabilidade é compartilhada por mais de uma entidade ou órgão, embora existam situações e atividades de responsabilidade específica de apenas uma entidade. A seguir, estão divididas as principais funções da Anac, do Cenipa e do Departamento de Controle do Espaço Aéreo (Decea).

Entre as atribuições da Anac, estão:

› Elaboração e desenvolvimento de padrões e práticas recomendados para o licenciamento de tripulação (pilotos, mecânicos de voo e navegadores de voo), controladores de tráfego, operadores de estações aeronáuticas, técnicos de manutenção e despachantes de voo.
› Definição das unidades de medida usadas na aviação e que estejam de acordo com as medidas discutidas durante a Convenção de Chicago (1944) e nos anos posteriores.
› Padronização das operações de aeronaves no transporte aéreo internacional com o fim de garantir os mais elevados níveis de segurança e eficiência.
› Classificação das aeronaves de acordo com sua marca, identificação, nacionalidade e modo como se sustentam no ar.
› Definição dos requisitos de aerogovernabilidade. Para isso, a agência realiza a concessão do certificado de aerogovernabilidade, que atesta a capacidade de a aeronave voar.
› Elaboração de regras para o planejamento de aeroportos e heliportos.
› Regulamentação do transporte de produtos que podem colocar em risco um voo. Para isso, a agência define como itens perigosos: explosivos; gases comprimidos e liquefeitos, potencialmente tóxicos ou inflamáveis; líquidos inflamáveis; sólidos inflamáveis; materiais espontaneamente inflamáveis; materiais que, quando em contato com a água, expelem gases inflamáveis; materiais oxidantes; substâncias tóxicas, como pesticidas; materiais radioativos; substâncias corrosivas; e misto de inúmeras substâncias que, de algum modo, impõe algum tipo de risco à operação de uma aeronave.

Já ao Cenipa e ao Decea competem as seguintes funções:

> Elaboração das regras do ar, como são conhecidas as regras do momento em que uma aeronave se encontra no ar.
> Serviços meteorológicos para fornecimento de informações para localização dos voos.
> Oferta de informações completas e atualizadas sobre a navegação aérea, como cartas e mapas aeronáuticos.
> Disponibilização de elementos essenciais para telecomunicação, vigilância e navegação aeronáuticas. Para isso, são divulgados documentos essenciais para os profissionais da área que tratam, por exemplo, da navegação via rádio; dos procedimentos de comunicação, incluindo aqueles com *status* de *Procedures for Air Navigation Services* (Pans); e dos sistemas de comunicação, prevenção a colisões e vigilância por radar.
> Fornecimento dos serviços de tráfego aéreo.
> Investigação de acidentes e incidentes aeronáuticos ocorridos no Brasil.
> Oferta de serviço de informação aeronáutica, que deve receber e/ou originar, coletar e/ou reunir, editar, formatar, publicar, armazenar e distribuir informações e dados aeronáuticos.

O que é?

O **tráfego aéreo** é o trânsito das aeronaves quando estão em voo. É importante considerar que há aerovias por onde essas aeronaves podem caminhar. Essas aerovias são monitoradas por pilotos, copilotos e controladores de voo, que acompanham as aeronaves em trânsito.

6.3 Investigação de acidentes aéreos no Brasil

Quando ocorre um acidente de carro, caminhão ou motocicleta, compete à autoridade policial efetuar a investigação para que seja possível apurar as responsabilidades. Todavia, quando ocorre um acidente aeronáutico, essa responsabilidade, no Brasil e em todo o mundo, recai sobre um órgão especializado de cada país. Isso porque, diante das especificidades do setor aéreo e da necessidade de profissionais aptos a realizarem essa investigação, surge a demanda de que um órgão diferente da autoridade policial atue (Anac, 2019).

Outro ponto importante, englobado na Convenção de Chicago, é o fato de que o único objetivo da investigação é prevenir futuros acidentes. Assim, não cabe ao Cenipa, por exemplo, determinar a culpa ou a responsabilidade de quem ocasionou o acidente. Em relação à apuração e à responsabilização dos culpados, é normal que seja estabelecido um procedimento judicial ou administrativo com a função específica atender a essas necessidades. Portanto, ambos os processos, tanto o conduzido pelo Cenipa quanto o conduzido pela justiça, caminham em paralelo e com finalidades distintas.

Segundo as normas internacionais de aviação civil, cabe ao país sede da ocorrência a responsabilidade pela investigação, realizada com o apoio de técnicos de outras nações envolvidas. São consideradas entidades apoiadoras da investigação:

› empresa fabricante da aeronave;
› empresa dona da aeronave;
› empresa responsável por realizar as manutenções periódicas na aeronave;
› entidades ligadas à aviação civil;

> sindicatos;
> entidades de classe.

Mesmo com a participação dessas entidades, é importante considerar que, no Brasil, a condução da investigação é exclusiva do Cenipa; as demais organizações atuam apenas como auxiliares. Uma outra especificidade em relação aos acidentes aéreos é que eles costumam gerar uma grande cobertura por parte da imprensa, tal que as normas internacionais impõem algumas regras acerca da divulgação das informações durante as investigações. Segundo o Cenipa,

> ao realizarem investigações de acidente aeronáutico, os países não darão divulgação das seguintes informações [...], além da finalidade prevista para este fim, a menos que as autoridades judiciais competentes do país determinem e a divulgação da informação em questão seja mais importante que as consequências advindas, em nível nacional e internacional, que a decisão possa ter para essa investigação ou para futuras apurações.
> a. As declarações tomadas pelas autoridades encarregadas da investigação;
> b. As comunicações entre as tripulações envolvidas;
> c. As informações de caráter médico ou pessoal dos envolvidos;
> d. As gravações das conversas dos pilotos e as transcrições das mesmas;
> e. As opiniões expressas na análise de informação, incluída a informação contida nos registradores de dados de voo e de voz (caixa-preta). (FAB, 2021c)

Essas informações não podem ser divulgadas, em razão do risco de prejudicarem a investigação ou provocarem conclusões precipitadas antes de seu fim.

Perguntas & respostas

Em uma situação de anormalidade em voo, quem é a pessoa responsável e considerada a autoridade máxima dentro de um avião?
O comandante é considerado a autoridade máxima dentro de um avião, por isso, os demais tripulantes devem responder às ordens desse profissional em uma situação de anormalidade.

A definição de acidente aéreo aborda "toda ocorrência relacionada com a operação de uma aeronave, havida entre o período em que uma pessoa nela embarca com a intenção de realizar um voo, até o momento em que todas as pessoas tenham dela desembarcado" (FAB, 2021c). De acordo com o Cenipa, para que uma situação seja considerada *acidente*, é necessário que:

> a. qualquer pessoa sofra lesão grave ou morra como resultado de estar na aeronave, em contato direto com qualquer uma de suas partes, incluindo aquelas que dela tenham se desprendido, ou submetida à exposição direta do sopro de hélice, rotor ou escapamento de jato, ou às suas consequências. Exceção é feita quando as lesões resultem de causas naturais, forem auto [sic] ou por terceiros infligidas, ou forem causadas a pessoas que embarcaram clandestinamente e se acomodaram em área que não as destinadas aos passageiros e tripulantes;

b. a aeronave sofra dano ou falha estrutural que afete adversamente a resistência estrutural, o seu desempenho ou as suas características de voo; exija a substituição de grandes componentes ou a realização de grandes reparos no componente afetado. Exceção é feita para falha ou danos limitados ao motor, suas carenagens ou acessórios; ou para danos limitados a hélices, pontas de asa, antenas, pneus, freios, carenagens do trem, amassamentos leves e pequenas perfurações no revestimento da aeronave;

c. a aeronave seja considerada desaparecida ou o local onde se encontre seja absolutamente inacessível. (FAB, 2021c)

Sempre que ocorre um acidente aéreo, o Cenipa constitui uma comissão de investigação, que, por sua vez, é composta por "um grupo de pessoas designadas em caráter temporário, lideradas e supervisionadas pelo investigador-encarregado e com qualificações técnico-profissionais específicas à função" (FAB, 2021a).

A principal finalidade da constituição de uma comissão de investigação de voo é emitir o relatório com as recomendações de segurança de voo (RSV). Por meio desse relatório, espera-se uma ação direta para eliminar todos os fatores causadores do acidente ou minimizar suas consequências, prevenindo, então, a ocorrência de acidentes futuros (Anac, 2019).

Uma comissão de investigação da Cenipa é constituída pelos seguintes membros – sempre credenciados pelo Sipaer –, cujos títulos, muitas vezes, indicam o tipo de fato que investigam:

- Investigador-Encarregado: [...] responsável pela organização, condução e controle da investigação, de acordo com a legislação em vigor;
- Fator Operacional: [...] preferencialmente com experiência comprovada no tipo de aeronave envolvida na ocorrência aeronáutica;
- Fator Material: [...];
- Fator Humano-Aspecto Médico: [...]; e
- Fator Humano-Aspecto Psicológico. (FAB, 2021a)

Ao iniciar a investigação de um acidente aéreo, a empresa deve realizar a proteção tanto da fuselagem da aeronave que sofreu o acidente quanto do local onde ocorreu a tragédia.

Após o final da investigação, há a confecção do relatório final, que, "de acordo com a legislação vigente [...], é ostensivo e de domínio público por meio do CENIPA. O objetivo do seu conteúdo é a segurança e a prevenção, não a responsabilização penal ou cível" (FAB, 2021a). Sobre o prazo para a conclusão das investigações, espera-se que elas ocorram no menor tempo possível; entretanto, dependendo do local, das condições de acesso ao ambiente e da complexidade, é possível que se arrastem por alguns meses após o acidente.

6.4 Principais estatísticas de acidentes aéreos no Brasil

O transporte aéreo caracteriza-se por ser um dos mais seguros do mundo, porque os países seguem rígidas normas de segurança e acabam realizando investimentos de variados recursos para prevenir acidentes. O Cenipa divulgou, no ano de 2018, a versão mais atualizada de seu relatório estatístico de acidentes com aeronaves.

Gráfico 6.1 – Acidentes com aeronaves ocorridos entre os anos de 2008 e 2017

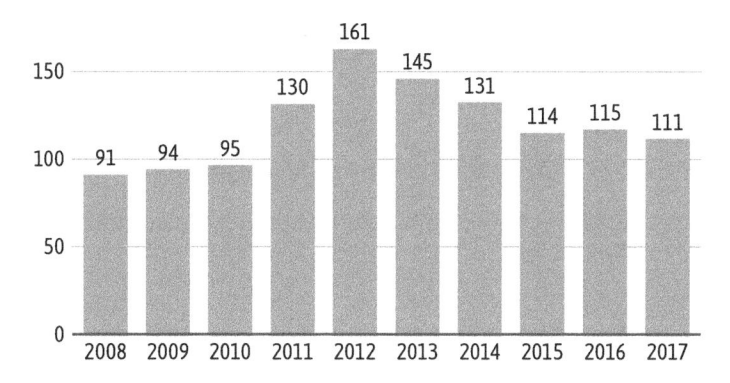

```
150 ─                  161
                           145
                 130        131
                                114  115
100 ─ 91  94  95                       111

 50 ─

  0 ─
     2008 2009 2010 2011 2012 2013 2014 2015 2016 2017
```

Fonte: Cenipa, 2018, p. 14.

De acordo com os dados apresentados no Gráfico 6.1, podemos observar que, no período de 2008 a 2017, aconteceram 1.187 acidentes – com uma média, de 119 por ano – que foram investigados pelo Cenipa. Desse total, nota-se que a maior quantidade (161) aconteceu em 2012 e a menor (91), em 2008.

Gráfico 6.2 – Tipos de acidentes aeronáuticos ocorridos entre os anos de 2008 e 2017

Tipo	%
Falha do motor em voo	20,72%
Perda de controle no solo	16,43%
Perda de controle em voo	15,84%
Colisão com obstáculo durante a...	7,16%
Pane seca	5,31%
Outros	4,21%
Com trem de pouso	3,96%
Indeterminado	2,86%
Pouso sem trem	2,44%
Outros	21,06%

Fonte: Cenipa, 2018, p. 15.

Com base no Gráfico 6.2, nota-se que os tipos de ocorrência mais comuns no período de 2008 a 2017 foram a falha do motor durante o voo, a perda de controle no solo e a perda de controle em voo. Somente esses três tipos representaram cerca de 53% do total de acidentes no período.

Gráfico 6.3 – *Estados onde mais ocorreram acidentes aeronáuticos entre 2008 e 2017*

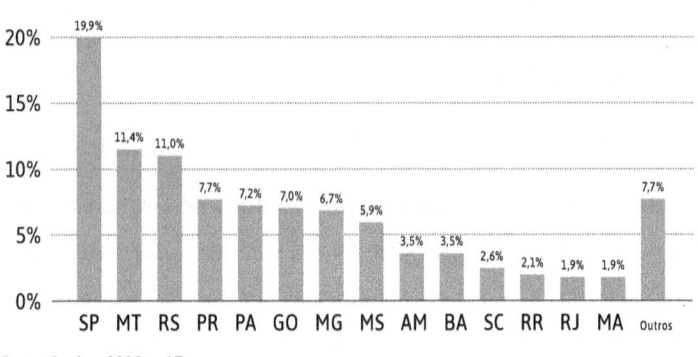

Estado	%
SP	19,9%
MT	11,4%
RS	11,0%
PR	7,7%
PA	7,2%
GO	7,0%
MG	6,7%
MS	5,9%
AM	3,5%
BA	3,5%
SC	2,6%
RR	2,1%
RJ	1,9%
MA	1,9%
Outros	7,7%

Fonte: Cenipa, 2018, p. 17.

Conforme o Gráfico 6.3, é possível observar que os estados de São Paulo, Mato Grosso, Rio Grande do Sul, Paraná e Pará concentram a maior quantidade de acidentes no período. Somente esses cinco estados compreendem quase 58% dos acidentes.

Gráfico 6.4 – *Percentuais de acidentes por operação entre 2008 e 2017*

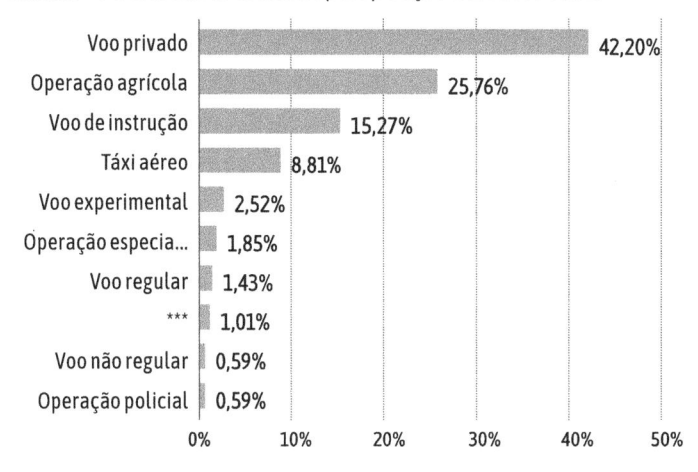

Operação	%
Voo privado	42,20%
Operação agrícola	25,76%
Voo de instrução	15,27%
Táxi aéreo	8,81%
Voo experimental	2,52%
Operação especia...	1,85%
Voo regular	1,43%
***	1,01%
Voo não regular	0,59%
Operação policial	0,59%

Fonte: Cenipa, 2018, p. 26.

Com a análise do Gráfico 6.4, verificamos que os voo privados, os voos de operações agrícolas e os voos de instrução são os responsáveis por mais de 83% do total de acidentes no país. Conhecer as estatísticas de acidentes auxilia as empresas e os profissionais a entenderem quais são os tipos de operações mais suscetíveis a erros, podendo assim ser criados planos de contingência para evitar que esses erros ocorram.

Para saber mais

AEROPORTO SANTOS DUMONT. Disponível em: <http://www.aeroportosantosdumont.net/>. Acesso em: 18 ago. 2021.

Para conhecer um pouco mais sobre as diferentes empresas que atuam dentro de uma operação aeroportuária, recomendamos a visita aos *sites* dos maiores aeroportos do Brasil. Com isso, torna-se possível visualizar a diversidade de empresas que atuam dentro desses aeroportos. Sugerimos, então, conhecer a página do Aeroporto Santos Dumont, localizado na cidade do Rio de Janeiro.

Síntese

> - A Agência Nacional da Aviação Civil (Anac) propõe normas de segurança para tornar o modal aéreo ainda mais seguro no Brasil.
> - O Centro de Investigação e Prevenção de Acidentes Aeronáuticos (Cenipa) atua na investigação dos acidentes aéreos.
> - Algumas normas tratam do local e da fuselagem das aeronaves após o acidente.

Estudo de caso

Mario é aluno do curso de Gestão Portuária de uma grande instituição de ensino superior. É muito dedicado e foi apontado por seus professores e colegas como um aluno de futuro promissor. Ele conseguiu um estágio na área de indicadores da Agência Nacional de Transportes Aquaviários (Antaq) e passou a integrar a equipe que realizava o levantamento dessas informações.

Mario sabia que a tecnologia faz parte dos negócios desde sempre. A incorporação de novas soluções, máquinas e equipamentos tornou possível que empresas e negócios avançassem e se profissionalizassem. O uso da tecnologia para mensurar os indicadores das atividades portuárias é muito importante, pois auxilia os gestores no desenvolvimento de novos projetos e nos processos de tomada de decisão.

Em uma participação em sala de aula, Mario apresentou aos colegas que os gestores de empresas portuárias devem buscar sempre a máxima eficiência em suas operações, porque atividades de transporte são muito caras e envolvem inúmeros profissionais, organizações e órgãos intervenientes.

Aproveitando que Mario estava inserido no mercado de trabalho e tinha acesso a inúmeras informações importantes produzidas pela Antaq, seu professor pediu que o aluno compartilhasse essas informações com os colegas de sala em uma apresentação.

Suponhamos que vamos auxiliar Mario na montagem dessa apresentação. Nesse sentido, devemos expor a importância do uso de indicadores para avaliar o desempenho das organizações portuárias e apresentar alguns números significativos.

Resolução

Em nossa apresentação, é importante considerarmos que o uso de indicadores de eficiência é uma ferramenta essencial para verificar se as organizações estão conseguindo atuar com eficiência. Com esses indicadores, é possível mensurar o desempenho das operações, compará-lo com períodos passados, propor ajustes, criar referenciais de desempenho e realizar o planejamento para melhorar os índices e as atividades operacionais.

Avaliar como um produto ou serviço se comporta no mercado ou como ele é avaliado pelos seus consumidores e clientes é uma das principais atividades dos gestores, representando também a forma encontrada para que busquem um consistente aumento das vendas nos mais diversos mercados em que a empresa atua. A busca por vantagens competitivas – ou seja, por algo que diferencie os produtos e serviços que a empresa oferta daqueles ofertados pelos concorrentes – deve ser uma máxima que direcione as ações de empresas e profissionais que atuam na gestão portuária – portanto, o uso de indicadores é essencial.

Entre os principais indicadores utilizados para a avaliação da eficiência portuária estão:

- **Indicadores sobre a movimentação portuária**: Tipo de instalação portuária, ou seja, se privada ou pública; movimentações portuárias em cada porto nacional; tipos de mercadorias mais movimentadas nos portos nacionais; mapa das instalações portuárias no Brasil; tipo de navegação, isto é, se de longo curso, cabotagem ou interior; apoio portuário ou apoio marítimo; e evolução do perfil de carga.
- **Indicadores sobre frotas brasileiras**: Evolução da frota de navios com bandeira brasileira; autorizações vigentes por ano; evolução da idade média da frota brasileira em ano; idade média da frota por outorga; frota de cabotagem e longo curso; e tipo de embarcação.

Ao longo da apresentação, é importante argumentar que o uso de indicadores permite aos gestores mensurarem o desempenho de sua organização, controlarem o emprego dos recursos e apresentarem relatórios que subsidiem as tomadas de decisão.

Dica 1

A iniciativa denominada *Porto sem Papel* é um dos principais avanços na área de logística internacional ocorridos nos últimos anos no Brasil. Ela visou a reduzir drasticamente a burocracia e aumentar a informatização nos processos. Acesse o *link* e conheça um pouco mais sobre o projeto:

MINFRAESTRUTURA. **Porto sem papel**. 2017. Disponível em: <https://www.youtube.com/watch?v=qNtuE5ixzxc>. Acesso em: 18 ago. 2021.

Dica 2

A Antaq é o principal órgão governamental que trata da gestão de portos em todo o Brasil. Sendo assim, é importante conhecer o que a entidade faz e qual é sua missão. Acesse o *link* a seguir e conheça um pouco sobre a história da organização e seus objetivos:

ANTAQ – YouTube. Disponível em: <https://www.youtube.com/channel/UCXil1lqX8SF3gvrl5ijEsQw>. Acesso em: 18 ago. 2021.

Considerações finais

Os portos e os aeroportos são necessários à sociedade, tanto para o turismo quanto para o comércio, por isso é importante compreender sua estruturação e sua organização, conforme propôs esta obra.

Os portos são construídos e aparelhados para atender as necessidades da navegação, do comércio e da sociedade. No Brasil, a modernização dos portos incentivou seu crescimento e alavancou sua importância para o comércio e a economia nacional.

Por outro lado, nas últimas décadas, o crescimento do transporte aéreo intensificou-se, devido ao desenvolvimento econômico e ao avanço do turismo. A intensificação da relação entre os aeroportos e as atividades comerciais transformou-os em grandes complexos aeroportuários, demandando investimentos em infraestrutura. Nesse sentido, o transporte aéreo representa a interação entre as redes de comunicação, transporte e energia, fundamentais para o sucesso econômico das regiões.

Assim, nos seis capítulos que estruturaram esta obra, objetivamos fornecer um referencial teórico robusto a propósito do funcionamento, da estruturação e da organização das redes portuárias e aeroportuárias. Partindo desses aportes, acreditamos que o estudo da organização e da estrutura portuária e aeroportuária é importante para a compreensão desses dois segmentos, bem como para a segurança tanto dos trabalhadores quanto da sociedade.

Esperamos que, com base nesse material, você, leitor, possa ampliar seus conhecimentos sobre essas questões centrais da logística, fortalecendo seu arcabouço teórico.

Lista de siglas

Abratec – Associação Brasileira dos Terminais e Contêineres
AIEA – Agência Internacional Sobre Energia Atômica
Anac – Agência Nacional de Aviação Civil
Antaq – Agência Nacional de Transportes Aquaviários
Aresp – Análise de riscos com ênfase em segurança portuária
ASV – Agente de segurança de voo
Ataero – Adicional de Tarifa Aeroportuária
CCI – Câmara Internacional do Comércio
CCIs – Carros de Combate a Incêndio
CDP – Companhia Docas do Pará
Cenipa – Centro de Investigação e Prevenção de Acidentes Aeronáuticos
Cesportos – Comissões Estaduais de Segurança Pública nos Portos, Terminais e Vias Navegáveis
CIAA – Curso de Investigação de Acidentes Aeronáuticos
Cindacta – Centros Integrados de Defesa Aérea e de Controle de Tráfego Aéreo
Cipa – Comissão Interna de Prevenção de Acidentes
CLT – Consolidação das Leis do Trabalho
CNPAA – Comitê Nacional de Prevenção de Acidentes Aeronáuticos

Código ISPS – Código Internacional de Proteção de Navios e Instalações Portuárias (ou ISPS-Code – International Ship and Port Facility Security Code)
Comaer – Comando da Aeronáutica
Comgar – Comando-Geral de Operações Aéreas
Conportos – Comissão Nacional de Segurança Pública nos Portos, Terminais e Vias Navegáveis
CPAA – Curso de Prevenção de Acidentes Aeronáuticos
CPAA-AA – Curso de Prevenção de Acidentes Aeronáuticos – Atividades Aeroportuárias
CPAA-CEA – Curso de Prevenção de Acidentes Aeronáuticos – Controle do Espaço
CPAA-FH – Curso de Prevenção de Acidentes Aeronáuticos – Fator Humano
CPAA-FM – Curso de Prevenção de Acidentes Aeronáuticos – Fator Material
CPAA-MA – Curso de Prevenção de Acidentes Aeronáuticos – Manutenção
CRO – Comitê de Regras e Origem
CSH – Comitê do Sistema Harmonizado
CTP – Comitê Técnico Permanente
DAC – Departamento de Aviação Civil
Decea – Departamento de Controle do Espaço Aéreo
DI – Declaração de Importação
DPC – Diretoria de Portos e Costas
EC-AA – Elemento Certificado – Atividades Aeroportuárias
EC-CEA – Elemento Certificado – Controle do Espaço Aéreo
EC-FHM – Elemento Certificado – Fator Humano Médico
EC-FHP – Elemento Certificado – Fator Humano Psicológico
EC-FM – Elemento Certificado – Fator Material

EC-MA – Elemento Certificado – Manutenção de Aeronaves
EC-PREV – Elemento certificado – Prevenção
EPI – Equipamento de proteção individual
FAB – Força Aérea Brasileira
Gatt – *General Agreement on Tariffs and Trade* (Acordo Geral sobre Tarifas e Comércio)
IMO – Organização Marítima Internacional
Incoterm – *International Rules for Interpretation of Trade/Commercial Terms*
Infraero – Empresa Brasileira de Infraestrutura Aeroportuária
INSS – Instituto Nacional de Seguridade Social
Interpol – Organização Internacional de Polícia Criminal
LI – Licenciamento de Importação
Mercosul – Mercado Comum do Sul
MGA – Manual Geral de Aeroportos
MTb – Ministério do Trabalho
MTE – Ministério do Trabalho e Emprego
MTPS – Ministério do Trabalho e Previdência Social
NR – Norma Regulamentadora
Ogmo – Órgão de Gestão de Mão de Obra
OIT – Organização Internacional do Trabalho
OMA – Organização Mundial das Aduanas
OMC – Organização Mundial do Comércio
ONU – Organização das Nações Unidas
OSV – Oficial de segurança de voo
Pans – *Procedures for Air Navigation Services*
PCMSO – Programa de Controle Médico de Saúde Ocupacional
PF – Polícia Federal
PNAVSEC – Programa Nacional de Segurança da Aviação Civil contra Atos de Interferência Ilícita

PPRA – Programa de Prevenção de Riscos Ambientais
PSP – Plano de Segurança Pública Portuária
RAB – Registro Aeronáutico Brasileiro
RBAC – Regulamento Brasileiro da Aviação Civil
REI – Registro de Exportadores e Importadores
RFB – Receita Federal do Brasil
RFID – *Radio Frequency Identification* (Identificação por radiofrequência)
Rilo – Regional Intelligence Liaison Offices (Escritórios Regionais de Ligação e Informação)
ROF – Registro de Operações Financeiras
RSV – Recomendações de segurança de voo
SAC – Secretaria de Aviação Civil
Seprt – Secretaria Especial de Previdência e Trabalho
Sescinc – Serviço de Prevenção, Salvamento e Combate a Incêndio em Aeródromos Civis
SGSO – Sistema de Gerenciamento da Segurança Operacional
Sipaer – Sistema de Investigação e Prevenção de Acidentes Aeronáuticos
Siros – Sistema de Registro de Operações
Sisceab – Sistema de Controle do Espaço Aéreo Brasileiro
Siscomex – Sistema Integrado de Comércio Exterior
SIT – Secretaria de Inspeção do Trabalho
SRF – Secretaria da Receita Federal
SSMT – Secretaria de Segurança e Medicina do Trabalho
SSST – Secretaria de Segurança e Saúde no Trabalho
TCU – Tribunal de Contas da União
TRA – Terminais Retroportuários Alfandegados
UPU – União Postal Universal

Referências

AEROPORTOS e sistemas aeroportuários: introdução. Disponível em: <http://professor.pucgoias.edu.br/SiteDocente/admin/arquivos Upload/14878/material/Aula%2001%20-%20Introdu% C3%A7%C3%A3o.pdf>. Acesso em: 10 ago. 2021.

ALBUQUERQUE, C. E. P. de; ANDRADE, F. S. de. Análise de riscos com ênfase na segurança portuária: o processo de avaliação de riscos da Conportos e o ISPS Code. **RBCP – Revista Brasileira de Ciências Policiais**, Brasília, v. 10, n. 1, p. 99-124, jan./jun. 2019. Disponível em: <https://periodicos.pf.gov.br/index.php/RBCP/article/view/580/370>. Acesso em: 13 ago. 2021.

ALMEIDA, B. Z. S. de. Principais características e problemas dos portos do Brasil. 86 f. Trabalho de Conclusão de Curso (Técnico em Construção Naval) – Centro Universitário Estadual da Zona Oeste, Rio de Janeiro, 2011. Disponível em: <http://www.uezo.rj.gov.br/tccs/capi/BrunoAlmeida.pdf>. Acesso em: 13 ago. 2021.

ANAC – Agência Nacional de Aviação Civil. **Anexo II**: organismos internacionais de aviação civil. Brasília, 2018a. Disponível em: <https://www.gov.br/anac/pt-br/assuntos/internacional/publicacoes/plano-de-atuacao-internacional-1/b-plano-de-atuacao-internacional-2018/anexo-ii-organismos-de-aviacao-civil.pdf/view>. Acesso em: 18 ago. 2021.

ANAC – Agência Nacional de Aviação Civil. **Anuário do Transporte Aéreo – 2019**. Brasília, 2019. Disponível em: <https://www.gov.br/anac/pt-br/assuntos/dados-e-estatisticas/anuario/2019.zip>. Acesso em: 18 ago. 2021.

ANAC – Agência Nacional de Aviação Civil. **Competências**. 21 jan. 2021a. Disponível em: <https://www.gov.br/anac/pt-br/acesso-a-informacao/institucional/competencias>. Acesso em: 16 ago. 2021.

ANAC – Agência Nacional de Aviação Civil. **Concessões de aeroportos**. Disponível em: <https://www.gov.br/anac/pt-br/assuntos/concessoes>. Acesso em: 16 ago. 2021b.

ANAC – Agência Nacional de Aviação Civil. **Institucional**. Disponível em: <https://www.gov.br/anac/pt-br/acesso-a-informacao/institucional>. Acesso em: 16 ago. 2021c.

ANAC – Agência Nacional de Aviação Civil. **Metadados do conjunto de dados**: dados estatísticos do transporte aéreo. 4 fev. 2021d. Disponível em: <https://www.anac.gov.br/acesso-a-informacao/dados-abertos/areas-de-atuacao/voos-e-operacoes-aereas/dados-estatisticos-do-transporte-aereo/48-dados-estatisticos-do-transporte-aereo>. Acesso em: 16 ago. 2021.

ANAC – Agência Nacional de Aviação Civil. Portaria n. 3.897, de 18 de dezembro de 2018. **Boletim de Pessoal e Serviço**, Brasília, v. 13, n. 51, dez. 2018b. Anexos I e II: agenda Regulatória da Anac para o biênico 2019-2020. Disponível em: <https://www.anac.gov.br/assuntos/legislacao/legislacao-1/boletim-de-pessoal/2018/51/anexo-v-cronograma-da-agenda-regulatoria-bienio-2019-2020>. Acesso em: 16 ago. 2021.

ANAC – Agência Nacional de Aviação Civil. **RBAC n. 153**: Aeródromos – operação, manutenção e resposta à emergência. Brasília, 2016. Disponível em: <https://www.anac.gov.br/assuntos/legislacao/legislacao-1/boletim-de-pessoal/2016/23s1/anexo-ii-rbac153emd01.pdf>. Acesso em: 13 ago. 2021.

ANAC – Agência Nacional de Aviação Civil. Segurança contra incêndio em aeroportos de pequeno porte. **Fórum Nacional dos Secretários e Dirigentes Estaduais de Turismo**, Brasília, 25 set. 2009. Disponível em: <http://www.fornatur.com.br/uploads/25_09_2009/ANAC+-+Sescinc+R1.pdf>. Acesso em: 13 ago. 2021.

ASHFORD, N. J. et al. **Operações aeroportuárias**: as melhores práticas. 3. ed. Porto Alegre: Bookman, 2015.

AVANCI, T. F. S. **O dilema do desenvolvimento sustentável nos portos**: aspectos econômico-administrativos. 2015. Disponível em: <https://www.unaerp.br/documentos/1656-o-dilema-do-desenvolvimento-sustentavel-nos-portos-1/file>. Acesso em: 11 ago. 2021.

BARSANO, P. R.; BARBOSA, R. P. **Controle de riscos**: prevenção de acidentes no ambiente ocupacional. São Paulo: Érica; Saraiva, 2014.

BATISTA, D. G. **Portos e vias navegáveis**. Goiânia, 2019. Plano de aula.

BNDES – Banco Nacional de Desenvolvimento Econômico e Social. **Análise e avaliação da organização institucional e da eficiência de gestão do setor portuário brasileiro**. São Paulo: Booz & Company, 2012. v. Anexo. Disponível em: <https://webcache.googleusercontent.com/search?q=cache:vv4MKIFLz28J:https://web.bndes.gov.br/bib/jspui/handle/1408/7668+&cd=1&hl=pt-BR&ct=clnk&gl=br>. Acesso em: 12 ago. 2021.

BNDES – Banco Nacional de Desenvolvimento Econômico e Social. **Privatização – Federais – PND**. Disponível em: <https://www.bndes.gov.br/wps/portal/site/home/transparencia/desestatizacao/processos-encerrados/Privatizacao-Federais-PND>. Acesso em: 16 ag. 2021.

BORWERSOX, D. J. et al. **Gestão logística da cadeia de suprimentos**. 4. ed. São Paulo: AMGH, 2013.

BRASIL. Constituição (1988). **Diário Oficial da União**, Brasília, DF, 5 out. 1988. Disponível em: <http://www.planalto.gov.br/ccivil_03/constituicao/constituicao.htm>. Acesso em: 11 ago. 2021.

BRASIL. Constituição (1988). Emenda Constitucional n. 103, de 12 de novembro de 2019. **Diário Oficial da União**, Poder Legislativo, Brasília, DF, 13 nov. 2019a. Disponível em: <http://www.planalto.gov.br/ccivil_03/constituicao/emendas/emc/emc103.htm>. Acesso em: 30 abr. 2021.

BRASIL. Decreto n. 6.759, de 5 de fevereiro de 2009. **Diário Oficial da União**, Poder Executivo, Brasília, DF, 6 fev. 2009a. Disponível em: <http://www.planalto.gov.br/ccivil_03/_ato2007-2010/2009/decreto/d6759.htm>. Acesso em: 11 ago. 2021.

BRASIL. Decreto n. 7.168, de 5 de maio de 2010. **Diário Oficial da União**, Poder Executivo, Brasília, DF, 6 maio 2010. Disponível em: <http://www.planalto.gov.br/ccivil_03/_ato2007-2010/2010/decreto/d7168.htm>. Acesso: 13 ago. 2021.

BRASIL. Decreto n. 7.482, de 16 de maio de 2011. **Diário Oficial da União**, Poder Executivo, Brasília, DF, 17 maio 2011a. Disponível em: <http://www.planalto.gov.br/ccivil_03/_ato2011-2014/2011/decreto/d7482.htm>. Acesso em: 11 ago. 2021.

BRASIL. Decreto n. 9.861, de 25 de junho de 2019. **Diário Oficial da União**, Poder Executivo, Brasília, DF, 26 jun. 2019b. Disponível em: <http://www.planalto.gov.br/ccivil_03/_Ato2019-2022/2019/Decreto/D9861.htm>. Acesso em: 11 ago. 2021.

BRASIL. Decreto n. 69.565, de 19 de novembro de 1971. **Diário Oficial da União**, Poder Executivo, Brasília, 22 nov. 1971. Disponível em: <http://www.planalto.gov.br/ccivil_03/decreto/1970-1979/D69565.htm>. Acesso em: 11 ago. 2021.

BRASIL. Decreto-Lei n. 5.452, de 1º de maio de 1943. **Diário Oficial da União**, Poder Executivo, Rio de Janeiro, 9 ago. 1943. Disponível em: <http://www.planalto.gov.br/ccivil_03/decreto-lei/del5452.htm>. Acesso em: 17 ago. 2021.

BRASIL. Lei n. 8.630, de 25 de fevereiro de 1993. **Diário Oficial da União**, Poder Legislativo, Brasília, DF, 26 fev. 1993. Disponível em: <http://www.planalto.gov.br/ccivil_03/leis/l8630.htm>. Acesso em: 11 ago. 2021.

BRASIL. Lei n. 11.182, de 27 de setembro de 2005. **Diário Oficial da União**, Poder Legislativo, Brasília, DF, 28 set. 2005. Disponível em: <http://www.planalto.gov.br/ccivil_03/_ato2004-2006/2005/lei/l11182.htm>. Acesso em: 13 ago. 2021.

BRASIL. Lei n. 12.815, de 5 de junho de 2013. **Diário Oficial da União**, Poder Legislativo, Brasília, DF, 5 jun. 2013. Disponível em: <http://www.planalto.gov.br/ccivil_03/_ato2011-2014/2013/lei/l12815.htm>. Acesso em: 11 ago. 2021.

BRASIL. Ministério da Defesa. Comando da Aeronáutica. Portaria n. 128/GC3, de 4 de março de 2011. **Boletim de Comunicação Administrativa**, 14 mar. 2011b. Disponível em: <https://publicacoes.decea.mil.br/api/storage/uploads/files/9b069149-58c0-4675-8d3b872b1b63455b.pdf>. Acesso em: 25 set. 2021.

BRASIL. Ministério da Economia. Secretaria Especial de Previdência e Trabalho. Portaria n. 6.730, de 9 de março de 2020. **Diário Oficial da União**, Brasília, 12 mar. 2020. Disponível em: <https://www.in.gov.br/en/web/dou/-/portaria-n-6.730-de-9-de-marco-de-2020-247538988>. Acesso em: 16 ago. 2021.

BRASIL. Ministério da Fazenda. Portaria n. 203, de 14 de maio de 2012. **Diário Oficial da União**, Poder Executivo, Brasília, DF, 17 maio 2012. Disponível em: <http://normas.receita.fazenda.gov.br/sijut2consulta/link.action?naoPublicado=&idAto=37965&visao=original>. Acesso em: 12 ago. 2021.

BRASIL. Ministério da Justiça. Comissão Nacional de Segurança Pública nos Portos, Terminais e Vias Navegáveis. **Plano nacional de segurança pública portuária**. Brasília, 2002. Disponível em: <https://www.gov.br/pf/pt-br/assuntos/seguranca-portuaria/planonacionalPNSPPjustiapontogov.pdf>. Acesso em: 12 ago. 2021.

BRASIL. Ministério da Segurança Pública. Secretaria Nacional de Segurança Pública. Comissão Nacional de Segurança Pública nos Portos, Terminais e Vias Navegáveis. Resolução n. 52, de 20 de dezembro de 2018. **Diário Oficial da União**, Poder Executivo, Brasília, DF, 27 dez. 2018. Disponível em: <https://www.in.gov.br/materia/-/asset_publisher/Kujrw0TZC2Mb/content/id/56969471>. Acesso em: 11 ago. 2021.

BRASIL. Ministério do Trabalho e Emprego. Secretaria de Inspeção do Trabalho. **Manual do trabalho portuário e ementário**. Brasília, 2001a.

BRASIL. Ministério do Trabalho e Emprego. Secretaria de Inspeção do Trabalho. Unidade Especial de Inspeção do Trabalho Portuário e Aquaviário. **Nota Técnica n. P037, de 21 de julho de 2000**. Auditor: Paulo Sérgio de Almeida. Disponível em: <http://www.agitra.org.br/fotos/NT37.pdf>. Acesso em: 11 ago. 2021.

BRASIL. Ministério do Trabalho. Secretaria de Segurança e Saúde no Trabalho. Portaria n. 25, de 29 de dezembro de 1994. **Diário Oficial da União**, Brasília, DF, 30 dez. 1994. Disponível em: <https://www.legisweb.com.br/legislacao/?id=181316>. Acesso em: 16 ago. 2021.

BRASIL. Ministério dos Transportes. Portaria n. 180, de 23 de maio de 2001. **Diário Oficial da União**, Poder Executivo, Brasília, DF, 25 maio 2001b.

BRITTO, P. A. P. de et al. Promoção da concorrência no setor portuário: uma análise a partir dos modelos mundiais e aplicação ao caso brasileiro. **Revista Administração Pública**, Rio de Janeiro, v. 49, n. 1, p. 47-72, jan./fev. 2015. Disponível em: <https://doi.org/10.1590/0034-76121690>. Acesso em: 11 ago. 2021.

CALDEIRA, J. **100 Indicadores da gestão**: key performance indicators. Coimbra: Conjuntura Actual, 2012.

CAMISASSA, M. Q. **Segurança e saúde no trabalho**: NRs 1 a 37 comentadas e descomplicadas. 6. ed. Rio de Janeiro: Forense; São Paulo: Método, 2019.

CAPARROZ, R. **Comércio internacional e legislação aduaneira**. São Paulo: Saraiva, 2012. (Coleção Esquematizado).

CARVALHAL, C. A importância da Guarda Portuária para a segurança pública portuária no Brasil. **Segurança Portuária em Foco**, 26 maio 2020. Disponível em: <http://www.segurancaportuariaemfoco.com.br/2020/05/a-importancia-da-guarda-portuaria-para.html>. Acesso em: 12 ago. 2021.

CDP – Companhia Docas do Pará. **Informações operacionais**: alarmes sonoros. Disponível em: <https://www.cdp.com.br/isps-code/alarmes-sonoros>. Acesso em: 13 ago. 2021.

CENIPA – Centro de Investigação e Prevenção de Acidentes Aeronáuticos. **Aviões**: sumário estatístico – 2008-2017. Brasília, 2018. Disponível em: <http://sistema.cenipa.aer.mil.br/cenipa/paginas/arquivos/avioes_sumario_estatistico.pdf>. Acesso em: 18 ago. 2021.

COLONETTI, R. A.; ZILLI, J. C. **A utilização de terminais retroportuários no Porto de Itajaí-SC para o escoamento da produção das empresas exportadoras do Sul de Santa Catarina**. In: SEMINÁRIO DE ENSINO PESQUISA E EXTENSÃO DO CENTRO UNIVERSITÁRIO BARRIGA VERDE, 5., 2014, Orleans. **Anais...** Disponível em: <https://www.researchgate.net/publication/268034542_A_UTILIZACAO_DE_TERMINAIS_RETROPORTUARIOS_NO_PORTO_DE_ITAJAI-_SC_PARA_O_ESCOAMENTO_DA_PRODUCAO_DAS_EMPRESAS_EXPORTADORAS_DO_SUL>. Acesso em: 11 ago. 2021.

COLONETTI, R. A.; ZILLI, J. C. Os terminais retroportuários nas operações de logísticas das empresas exportadoras do Sul de Santa Catarina. **Revista de Administração e Negócios da Amazônia**, v. 7, n. 3, p. 54-67, set./dez. 2015. Disponível em: <https://core.ac.uk/download/pdf/234090274.pdf>. Acesso em: 11 ago. 2021.

DECEA – Departamento de Controle do Espaço Aéreo. **Competências**. Disponível em: <https://www.decea.mil.br/?i=quem-somos&p=competencias>. Acesso em: 16 ago. 2021a.

DECEA – Departamento de Controle do Espaço Aéreo. **Espaço aéreo brasileiro**. Disponível em: <https://www.decea.mil.br/?i=-quem-somos&p=espaco-aereo-brasileiro>. Acesso em: 16 ago. 2021b.

DECEA – Departamento de Controle do Espaço Aéreo. **O Decea**. Disponível em: <https://www.decea.mil.br/?i=quem-somos&p=o-decea>. Acesso em: 16 ago. 2021c.

FAB – Força Aérea Brasileira. Centro de Investigação e Prevenção de Acidentes Aeronáuticos. **Comissão de investigação**. Disponível em: <https://www2.fab.mil.br/cenipa/index.php/artigos/190-comissao-de-investigacao>. Acesso em: 18 ago. 2021a.

FAB – Força Aérea Brasileira. Centro de Investigação e Prevenção de Acidentes Aeronáuticos. **História do Cenipa**. Disponível em: <https://www2.fab.mil.br/cenipa/index.php/historico>. Acesso em: 18 ago. 2021b.

FAB – Força Aérea Brasileira. Centro de Investigação e Prevenção de Acidentes Aeronáuticos. **O que é investigação?** Disponível em: <https://www2.fab.mil.br/cenipa/index.php/investigacoes>. Acesso em: 18 ago. 2021c.

FAB – Força Aérea Brasileira. Centro de Investigação e Prevenção de Acidentes Aeronáuticos. **O que fazemos**. Disponível em: <https://www2.fab.mil.br/cenipa/index.php/o-cenipa>. Acesso em: 17 ago. 2021d.

FENCCOVIB – Federação Nacional dos Conferentes e Consertadores de Carga e Descarga, Vigias Portuários, Trabalhadores de Bloco, Arrumadores e Amarradores, 2021 de Navios. **Legislação portuária brasileira**. Disponível em: <http://www.fenccovib.org.br/institucional/legislacao/legislacao-portuaria-brasileira/>. Acesso em: 11 ago. 2021.

FLEURY, P. A infraestrutura e os desafios logísticos das exportações brasileiras. **ILOS – Especialistas em Logística e Supply Chain**, 10 abr. 2005. Disponível em: <https://www.ilos.com.br/web/a-infraestrutura-e-os-desafios-logisticos-das-exportacoes-brasileiras/>. Acesso em: 18 ago. 2021.

FREITAS, L. A importância da eficiência logística para o posicionamento competitivo das empresas no mercado internacional. **Revista de Administração Unime**, v. 1, n. 1, 2003.

GONÇALVES, J.; CALIXTO, C. Planejamento é essencial para viabilidade de operações de importação e exportação. **Domingues e Pinho Contadores**. Opinião do especialista. Disponível em: <https://dpc.com.br/planejamento-e-essencial-para-viabilidade-de-operacoes-de-importacao-e-exportacao/>. Acesso em: 10 ago. 2021.

HOLANDA, T. C. et al. **Sistemática das operações de logística internacional**. Porto Alegre: Sagah, 2019.

IMO – International Maritime Organization. **Resolução 2 da Conferência (adotada em 12 de dezembro de 2002)**. Disponível em: <https://www.abtp.org.br/downloads/ISPS_Code_port_05142003.pdf>. Acesso em: 12 ago. 2021.

INFRAERO – Empresa Brasileira de Infraestrutura Aeroportuária. **40 anos servindo pessoas, empresas e o Brasil**. Brasília: Infraero, 2013. Disponível em: <http://www.infraero.gov.br/portal/images/stories/Infraero/INFRAERO40ANOS.pdf>. Acesso em: 13 ago. 2021.

INFRAERO – Empresa Brasileira de Infraestrutura Aeroportuária. **Estatuto Social da Infraero**. 2020. Disponível em: <https://transparencia.infraero.gov.br/competencias/>. Acesso em: 13 ago. 2021.

INFRAERO – Empresa Brasileira de Infraestrutura Aeroportuária. **Mapa Estratégico Infraero 2020-2024**. 2019. Disponível em: <https://transparencia.infraero.gov.br/wp-content/uploads/2019/12/mapa_estrategico_oficial_Infraero_2020_2024.jpg>. Acesso em: 13 ago. 2021.

INFRAERO – Empresa Brasileira de Infraestrutura Aeroportuária. **Planejamento estratégico de tecnologia da informação – PETI (2017-2021)**. Brasília, 2017. Disponível em: <https://transparencia.infraero.gov.br/wp-content/uploads/2019/09/peti-2017-2021-versao-inicial-compressed.pdf>. Acesso em: 13 ago. 2021.

LUZ, R. **Comércio internacional e legislação aduaneira**. 6. ed. São Paulo: Método, 2015.

MEIRA, T. W. N. **A privatização aeroportuária no Brasil e o turismo**: uma análise crítica da gestão aeroportuária brasileira. 88 f. Trabalho de Conclusão de Curso (Graduação em Turismo) – Universidade Federal Fluminense, Niterói, 2010. Disponível em: <https://app.uff.br/riuff/bitstream/1/1543/1/131%20-%20Thiago%20Meira.pdf>. Acesso em: 10 ago. 2021.

NAKHOUL, S.; NADER, Y. A. Forte explosão na região portuária de Beirute deixa vários feridos. **Agência Brasil**, 4 ago. 2020. Disponível em: <https://agenciabrasil.ebc.com.br/internacional/noticia/2020-08/forte-explosao-na-regiao-portuaria-de-beirute-deixa-varios-feridos>. Acesso em: 16 ago. 2021.

NASSAR, V.; VIEIRA, M. L. H. O compartilhamento de informações no transporte público com as tecnologias RFID e NFC: uma proposta de aplicação. **Urbe – Revista Brasileira de Gestão Urbana**, v. 9, n. 2, p. 327-340, maio/ago. 2017. Disponível em: <https://www.scielo.br/j/urbe/a/s5xRNP98HT5h8zPCDbQvNtL/?format=pdf&lang=pt>. Acesso em: 18 ago. 2021.

O DESAFIO da segurança dos aeroportos. **Telefônica**, 28 dez. 2016. Disponível em: <http://ingenieriadeseguridad.telefonica.com/not%C3%ADcia/2016/12/28/O-desafio-da-seguran%C3%A7a-dos-aeroportos.html>. Acesso em: 13 ago. 2021.

OIT – Organização Internacional do Trabalho. **C137 – Trabalho portuário**. Disponível em: <https://www.ilo.org/brasilia/convencoes/WCMS_235871/lang--pt/index.htm>. Acesso: 16 ago. 2021a.

OIT – Organização Internacional do Trabalho. **C152 – Segurança e higiene dos trabalhos portuários**. Disponível em: <https://www.ilo.org/brasilia/convencoes/WCMS_236161/lang--pt/index.htm>. Acesso: 16 ago. 2021b.

OIT – Organização Internacional do Trabalho. **Conheça a OIT**. Disponível em: <https://www.ilo.org/brasilia/conheca-a-oit/lang--pt/index.htm>. Acesso: 16 ago. 2021c.

PAOLESCHI, B. **Cipa**: guia prático de segurança do trabalho. São Paulo: Érica; Saraiva, 2009.

PEITL, K. C.; SILVA, A. M. da; COSTA, P. de S. Tecnologias logística para minimizar o roubo de cargas: um estudo sobre o transporte rodoviário na região de Campinas. **Diálogos Acadêmicos Iescamp – ReDAI**, v. 4, n. 2, p. 30-40, ago./dez. 2020. Disponível em: <https://revista.iescamp.com.br/index.php/redai/article/view/91/60>. Acesso em: 18 ago. 2021.

POR QUE controlar requisitos de segurança operacional em aeroportos. **Verde Ghaia**, 5 ago. 2019. Disponível em: <https://www.verdeghaia.com.br/requisitos-de-seguranca-operacional-em-aeroportos/>. Acesso em: 13 ago. 2021.

PORTAL INFRAERO. **Sobre o programa de eficiência**. Disponível em: <https://www4.infraero.gov.br/cargo/programa-de-eficiencia/sobre-o-programa-de-eficiencia/>. Acesso em: 17 ago. 2021.

PORTARIA SEP 121 – sobre a organização das Guardas Portuárias. **Portogente**, 1º jan. 2016. Disponível em: <https://portogente.com.br/portopedia/80662-portaria-sep-121-sobre-a-organizacao-das-guardas-portuarias>. Acesso em: 12 ago. 2021.

PORTO DE ITAJAÍ. **Cipa**: objetivos. Disponível em: <http://www.portoitajai.com.br/cipa/objetivos.html>. Acesso em: 17 ago. 2021.

PORTO DO RECIFE. **Regulamento de exploração do Porto do Recife**. Recife, 2014. Disponível em: <https://www.portodorecife.pe.gov.br/arquivos/arquivos/y1k4-regulamento_de_exploracao_de_novembro_de_2014.pdf>. Acesso em: 12 ago. 2021.

REDE BIM – Rede de Bibliotecas Integradas da Marinha. [**Orientações sobre o International Security for Port facilities and Ships code**]. Disponível em: <http://www.redebim.dphdm.mar.mil.br/vinculos/000007/000007a8.pdf>. Acesso em: 13 ago. 2021.

RFB – Receita Federal do Brasil. **Educação fiscal**: Por que eu encontro a Receita Federal nos portos, aeroportos e fronteiras? 2017. 1 folheto: color. Disponível em: <https://www.gov.br/receitafederal/pt-br/assuntos/educacao-fiscal/educacao_fiscal/folhetos-orientativos/aduana-dig-23-06-2017.pdf>. Acesso em: 12 ago. 2021.

RFB – Receita Federal do Brasil. **Estrutura da Receita Federal**. Disponível em: <https://www.gov.br/receitafederal/pt-br/acesso-a-informacao/institucional/estrutura-organizacional>. Acesso em: 12 ago. 2021.

SANTOS, A. S. dos; ROBLES, L. T. Análise do perfil das cargas gerais movimentadas no Porto do Itaqui. In: CUTRIM, S. S.; ROBLES, L. T.; PEREIRA, N. N. (Org.). **Tópicos estratégicos portuários**. São Luís: EDUFMA, 2015. v. 1. p. 19-44. Disponível em: <http://www.ufma.br/portalUFMA/arquivo/NMzzkp157qtQfA7.pdf>. Acesso em: 25 set. 2021.

SCARPELLI, F. **Metodologia, aplicação e as particularidades da Aresp**: análise de risco com ênfase em segurança portuária. Disponível em: <https://www.portosprivados.org.br/files/aresp-apresentacao-felipe-scarpelli.pdf>. Acesso em: 13 ago. 2021.

SILVA, C. J. L. e. **Transporte aéreo, infraestrutura aeroportuária e controle urbano**: o estudo de caso do aeroporto internacional do Recife/Guararapes-Gilberto Freyre. 151 f. Dissertação (Mestrado em Engenharia Civil) – Universidade Federal de Pernambuco, Recife, 2010. Disponível em: <https://repositorio.ufpe.br/bitstream/123456789/5229/1/arquivo2400_1.pdf>. Acesso em: 10 ago. 2021.

SILVEIRA, A.; AZAMBUJA, N.; SOUZA, P. Legislação aduaneira focada nas importações. **Revista Maiêutica**, Indaial, v. 4, n. 1, p. 269-280, 2016. Disponível em: <https://publicacao.uniasselvi.com.br/index.php/GESTAO_EaD/article/view/1599/728>. Acesso em: 12 ago. 2021.

TCU – Tribunal de Contas da União. **Projeto de apoio à modernização e o fortalecimento institucional do Tribunal de Contas da União**: aperfeiçoamento do controle externo da regulação. Brasília: FGV, 2006. Produto 3: Relatório sobre fiscalização da regulação econômico-financeira – setor portuário. Disponível em: <https://portal.tcu.gov.br/lumis/portal/file/fileDownload.jsp?fileId=8A8182A24F0A728E014F0AE7182C0880>. Acesso em: 11 ago. 2021.

TERMINAL portuário e retroportuário. **Portogente**, 1º jan. 2016. Disponível em: <https://portogente.com.br/portopedia/72905-terminal-portuario-e-retro-portuario>. Acesso em: 11 ago. 2021.

TOSTA, M. A. R. Transportes e logística de grãos no Brasil: situação atual, problemas e soluções. **Revista de Política Agrícola**, v. 14, n. 2, p. 37-50, abr./jun. 2005. Disponível em: <https://seer.sede.embrapa.br/index.php/RPA/article/view/535/485>. Acesso em: 18 ago. 2021.

VASCONCELOS, L. F. S. **O aeroporto como integrante de um projeto de desenvolvimento regional**: a experiência brasileira. 149 f. Dissertação (Mestrado em Transportes) – Universidade de Brasília, Brasília, 2007. Disponível em: <https://repositorio.unb.br/bitstream/10482/2910/1/2007_LeonardoFernandesSoaresVasconcelos.PDF>. Acesso em: 10 ago. 2021.

VIEIRA, J. H. **Modernização da gestão portuária e planejamento operacional integrado por meio de indicadores de desempenho**. 121 f. Projeto (Graduação em Engenharia Civil) – Universidade Federal do Rio de Janeiro, Rio de Janeiro, 2018. Disponível em: <http://repositorio.poli.ufrj.br/monografias/monopoli10024763.pdf>. Acesso em: 10 ago. 2021.

WALDHELM NETO, N. Como fazer mapa de risco. **Segurança no trabalho NWN**. Disponível em: <https://segurancadotrabalhonwn.com/como-fazer-mapa-de-risco/>. Acesso em: 16 ago. 2021.

Bibliografia comentada

CONSTANTE, J. M. et al. **Introdução ao planejamento portuário**. São Paulo: Aduaneiras, 2016.

Conhecer e refletir sobre o Plano Nacional de Logística Portuária (PNLP) é uma das importantes tarefas dos gestores portuários em todo o Brasil. Entre os frutos do PNLP, **está o** fato de apresentar um caráter estratégico para as organizações. Nesse sentido, essa obra de Constante et al. apresenta diversas ferramentas que auxiliam os gestores durante a elaboração de seu PNPL e detalha casos de grande importância.

KALAZANS, D. **Acidentes aéreos**: conheça os bastidores das investigações de acidentes aeronáuticos. São Paulo: Bianch, 2015.

Em seu livro, Daniel Kalazans apresenta um panorama completo acerca dos acidentes aéreos mais famosos do mundo. Nesse livro, em especial, o autor descreve três acidentes aeronáuticos verídicos que chocaram a sociedade e causaram grande impacto em todos que atuam no setor. O obra reúne conceitos ligados à atividade aérea e ao direito, descrições do processo de investigação e uma síntese dos casos do Voo 1907 X Legacy e do Voo 3054.

PARRADO, N.; RAUSE, V. **Milagre nos Andes:** 72 dias na montanha e minha longa volta para casa. Tradução de Fabiano Morais. São Paulo: Objetiva, 2006.

Essa obra relata a história completa do famoso desastre aéreo ocorrido nos Andes, em 1972, da perspectiva de um sobrevivente que salvou a vida de outros 15 passageiros. O livro apresenta diversos detalhes acerca de como um acidente aéreo ocorre e reforça a importância das normas de segurança.

SOUSA, L. **Onde morrem os aviões:** a experiência de vivenciar os limites de um avião. São Paulo: Ebooks, 2018.

Em sua obra, Lito Sousa descreve as condições adversas que são suportadas pelas aeronaves antes de um acidente. Em suma, o autor descreve testes realizados no que se refere à parte mecânica, às horas de voos, às condições de adversas e a tudo que possa ocasionar um acidente em uma aeronave. Com esses testes, é possível identificar os limites suportados pelas aeronaves quando encontram condições ruins de operação.

WELLS, A.; YOUNG, S. **Aeroportos:** planejamento e gestão. Tradução de Ronald Saraiva de Menezes. 6. ed. São Paulo: Bookman, 2014.

Essa obra aborda questões essenciais para o atual cenário de desenvolvimento da infraestrutura do Brasil. Ela ajuda também no planejamento e na gestão de aeroportos, sendo indispensável para profissionais da aérea. Administrar uma organização aeroportuária exige recursos não apenas em obras de engenharia, mas também no conhecimento e no treinamento de pessoas que, efetivamente, farão com que o negócio funcione.

Sobre os autores

Johny Henrique Magalhães Casado é mestre em Ciências Contábeis pela Universidade Estadual de Maringá (UEM) e, atualmente, é aluno regular do mestrado em Ciências Sociais na mesma instituição. É graduado em Administração e Ciências Contábeis também pela UEM e em Administração com habilitação em Comércio Exterior pelo Centro Universitário de Maringá. Possui pós-graduação lato sensu em Recursos Humanos e Meio Ambiente pela Universidade Cândido Mendes, em Gestão Pública pela Universidade Estadual de Ponta Grossa (UEPG) e em Gestão Comercial pela Fundação Getulio Vargas (FGV). Em 2016, foi aluno não regular da disciplina de Relações Internacionais e América Latina no mestrado em Ciências Sociais e da disciplina de Organizações, Estratégia e Institucionalização, no mestrado em Ciências Contábeis da UEM. É técnico de Relações com o Mercado da Faculdade do Serviço Nacional de Aprendizagem Comercial (Senac) de Maringá. Também tem experiência nas áreas financeira e comercial, em recursos humanos, em comércio exterior, em vendas e em *marketing*.

Milena Barbosa de Melo é doutora em Direito Internacional pela Universidade de Coimbra, mestre e especialista em Direito Comunitário pela mesma instituição e graduada em Direito pela Universidade Estadual da Paraíba (UEPB). Atualmente, é professora universitária. Como jurista, atua principalmente nas seguintes áreas: direito internacional público e privado, jurisdição internacional, direito empresarial, direito do desenvolvimento, direito da propriedade intelectual e direito digital.

Nájila Medeiros Bezerra tem pós-graduação em Direito Civil e Processo Civil pelo Centro Universitário de João Pessoa (Unipê) e cursa MBA em Administração Pública na mesma instituição. É bacharela em Direito pela Faculdade de Ciências Sociais Aplicadas (Unifacisa) de Campina Grande. Atualmente, é membro da Agência Nacional de Estudos sobre Direito ao Desenvolvimento. Foi bolsista no Núcleo de Estudos em Direito Civil pela Unifacisa e no programa Santander Universidades, tendo participado dos Cursos Internacionais na Universidade de Salamanca, na Espanha, e obtido a certificação do nível Avançado em Espanhol. Participou do Grupo de Estudos em Sociologia da Propriedade Intelectual (Gespi) – da Universidade Federal de Campina Grande (UFCG) com a Universidade Estadual da Paraíba (UEPB), o Centro de Ensino Superior e Desenvolvimento (Cesed) e a Fundação Pedro Américo (FDA) – e do Núcleo de Estudos em Direito Internacional (Nedi). Integrou o corpo editorial da Revista Científica *A Barriguda* e foi coordenadora adjunta de política editorial do Centro Interdisciplinar de Pesquisa em Educação e Direito. É pesquisadora nas áreas de direito civil, processual civil, direito digital e direito administrativo.

Os papéis utilizados neste livro, certificados por instituições ambientais competentes, são recicláveis, provenientes de fontes renováveis e, portanto, um meio **respons**ável e natural de informação e conhecimento.

FSC
www.fsc.org
MISTO
Papel produzido a partir de fontes responsáveis
FSC® C103535

Impressão: Reproset
Fevereiro/2023